Collection

malins festins

O recettes dans votre assiette!

D1136789

Grillades et barbecue

Pour réveiller le roi du grill en vous!

Poissons & fruits de mer

Des recettes pour livrer la mer dans votre assiette!

Herbes et épices

De la saveur et de la couleur dans votre assiette!

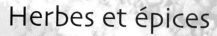

Gouvernement du Québec – Programme de crédit d'impôt
pour l'édition de livres – Gestion Sodec

info@lesmalins.ca

Éditeur : Marc-André Audet
Conception graphique et montage : Energik Communications

Dépôt légal – Bibliothèque et Archives nationales du Québec, 2012
Dépôt légal – Bibliothèque et Archives Canada, 2012

ISBN : 978-2-89657-149-9

Imprimé en Chine

Nous reconnaissons l'aide financière du gouvernement du Canada
par l'entremise du Fonds du livre du Canada pour nos activités d'édition.

Les éditions Les Malins inc.
1447, rue Wolfe
Montréal (Québec)
H2L 3J5

Barbecue

Pour réveiller le roi du grill en vous!

Par : Louis-Karl Tremblay

Table des matières

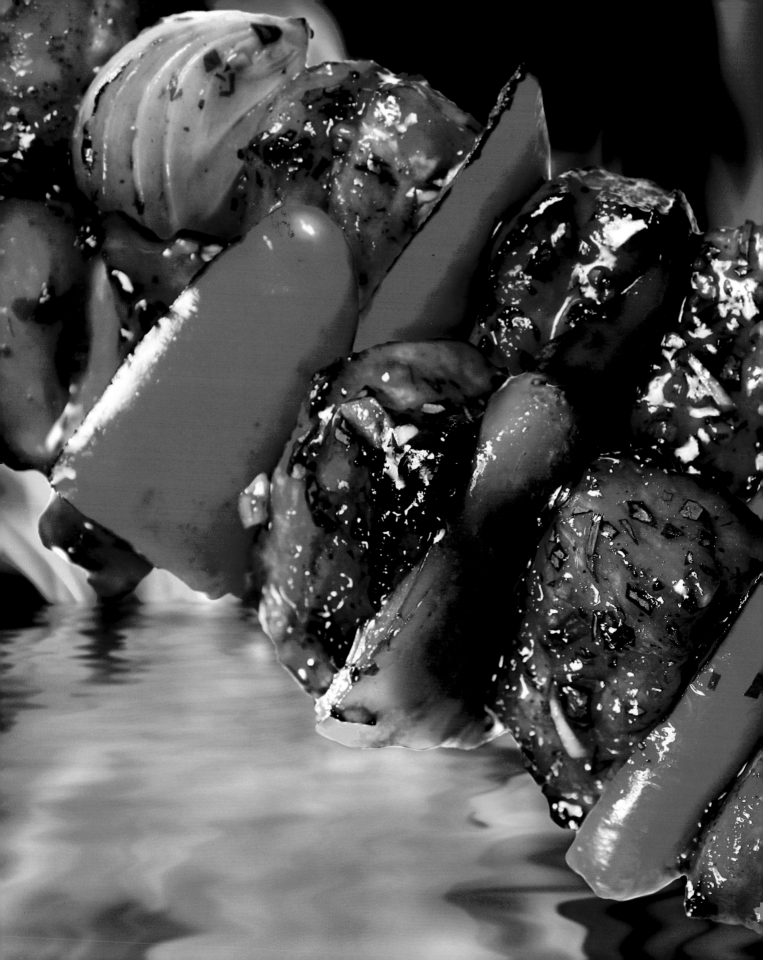

Introduction

La collection Malins Plaisirs propose des livres de recettes qui vous mettront l'eau à la bouche!
Des recettes originales à la portée de tous, de superbes photos et des sujets variés : une collection parfaite pour toutes les cuisines, et toutes les bouches!

Voici le livre qui vous transformera en reine ou en roi du grill! De la recette classique de marinade aux astuces de connaisseurs pour réussir la cuisson de vos viandes, voilà un livre indispensable où vous trouverez une foule d'idées originales pour garnir votre grill.

Vous serez toujours prêts pour recevoir famille et amis lors des chaudes soirées d'été.

Bon appétit!

Les marinades

Les marinades sont essentielles dans la cuisine au barbecue. Elles attendrissent les fibres de la viande et donnent du goût aux mets que vous concoctez. Il existe un nombre infini de mélanges de saveurs pour vos pièces de viande préférées. Amusez-vous à créer vos propres marinades et à composer vos nouveaux classiques du barbecue.

Voici quelques trucs et astuces à connaître

Il y a deux catégories de marinades : humides et sèches. Les marinades humides sont toujours composées d'huile, aromatisée ou non, et d'un agent acide, qui permet d'attendrir la chair de la viande (vin, jus d'agrume, vinaigre, etc.). On y ajoute des épices et/ou des herbes pour donner de la saveur. Les marinades sèches, elles, sont composées principalement d'herbes, d'épices, parfois d'huile et d'alcool. Ces marinades sont utilisées pour donner du goût à la viande et non pour les attendrir. Elles nécessitent généralement moins de temps de repos sur la viande.

Vous devez calculer environ 250 ml de marinade humide par kilo de viande. Pour une marinade sèche, il s'agit de bien recouvrir la pièce de viande cuisinée avec votre préparation sèche. Pour les deux types de recettes, vous pouvez faire des petites incisions dans la viande pour que les saveurs pénètrent les chairs en profondeur.

Pour bien mariner une viande avant de la poser sur la grille du barbecue, vous pouvez utiliser un plat hermétique, un bol à mélanger ou encore un sac de plastique de type « Ziploc ». Une fois la marinade préparée, vous ajoutez la viande dans le contenant, vous mélangez et laissez reposer.

Si vous préparez votre marinade à la dernière minute, il est préférable que vous laissiez la pièce de viande à la température de la pièce pour une période d'environ 30 minutes. Si vous préparez votre mélange d'avance, déposez au réfrigérateur la préparation contenue dans un plat hermétique. Plus vous laisserez la viande longtemps dans votre préparation, plus elle sera goûteuse et tendre. Vous pouvez laisser reposer une viande marinée jusqu'à 24 heures. Si vous laissez la viande plus de 24 heures dans la marinade, celle-ci cuira la pièce et vous n'obtiendrez pas le résultat escompté. Retournez la pièce de viande à l'occasion lors du temps de repos pour que toutes les surfaces soient goûteuses et imprégnées uniformément.

Il est parfois possible d'utiliser une marinade humide pour préparer une sauce qui accompagne la viande cuite sur le gril et/ou pour la badigeonner pendant la cuisson. Vous pouvez conserver une partie du mélange qui vous servira pour la sauce ou encore récupérer l'excédant de marinade après le temps de repos. Il est toutefois important de faire bouillir le mélange au minimum 10 minutes pour éliminer toutes bactéries de viande crue dans la sauce. Incorporez à la marinade du lait ou de la crème, un alcool ou un fond de viande pour créer la sauce.

Les trucs du gril

Préparation :

Avant la cuisson, vous devez toujours préchauffer le barbecue pendant au moins 10 minutes ou jusqu'à ce que le thermomètre indique la température voulue. Si vous avez un barbecue aux charbons de bois, attendez que les briquettes soient bien blanches avant de commencer la cuisson. Assurez-vous que les grilles soient propres et bien nettoyées avant de poser des aliments à cuire. Il est préférable de nettoyer les grilles après la cuisson pendant qu'elles sont encore chaudes à l'aide d'une brosse. Cela enlève les résidus d'aliments et évite la contamination.

Avant de déposer une viande marinée sur la grille, retirez l'excédent de marinade pour éviter que la marinade s'enflamme et que la viande brûle. Conservez la marinade pour badigeonner ou encore faire une sauce. Vous pouvez enduire légèrement le gril d'huile si la marinade n'en contient pas.

Pendant la cuisson d'une viande sur le gril, évitez de piquer la viande ou encore de la couper pour vérifier la cuisson. La tentation est grande, mais si vous le faites, vous risquez de perdre le jus de la viande. Utilisez des pinces pour retourner la viande, cela évitera de la piquer inutilement. Ne retournez les steaks et les boulettes qu'une seule fois. Retourner trop souvent un steak peut réduire la tendreté de la pièce. Pour des gigots et des rôtis, saisissez la viande de tous les côtés jusqu'à ce qu'elle soit bien marquée et ensuite optez pour une cuisson indirecte.

N'ajoutez pas de sel avant ou pendant la cuisson. Le sel rend la viande moins tendre et juteuse. Remplacez le sel par un agent salé comme la sauce soja. Poivrez les viandes et poissons après qu'ils soient saisis, sinon le poivre pourrait brûler à la surface de la viande et donner un goût amer non désiré à votre recette.

Cuisson directe et indirecte

On recommande la cuisson indirecte pour des volailles entières ou encore des gigots et des rôtis. Il s'agit d'allumer un seul côté du barbecue et de poser la pièce de viande sur la grille éteinte. Ceci permet à la viande de cuire lentement sans que l'extérieur ne brûle. La cuisson directe est recommandée pour les steaks, les brochettes et toutes autres petites pièces de viande à cuisson plus rapide.

Temps de repos

Emballez la viande dans un papier d'aluminium après la cuisson pendant environ 5 minutes. Cela permet à la viande d'absorber un maximum de jus de cuisson. On évite ainsi qu'en coupant la viande il y ait une flaque de sang et de jus de cuisson dans le fond de notre assiette. Cette opération ne s'applique pas pour les poissons.

Température interne des aliments

Il est souvent tentant de piquer une pièce de viande ou de la couper pour vérifier sa cuisson. Il faut toutefois éviter de charcuter la viande pendant sa cuisson pour ne pas laisser s'échapper les jus de cuisson qui la rendent tendre et juteuse. Pour vous assurer de la bonne cuisson des aliments et parfois éviter une intoxication alimentaire, utilisez un thermomètre prévu à cet effet. Voici un tableau pouvant vous aider au moment de la cuisson.

Aliments	Cuisson	Température	
Bœuf, veau et agneau	Saignant	63 °C	145 °F
Bœuf, veau et agneau	À point	71 °C	160 °F
Bœuf, veau et agneau	Bien cuit	77 °C	170 °F
Volaille entière	Bien cuit	85 °C	185 °F
Volaille (morceaux)	Bien cuit	74 °C	165 °F
Porc	À point	71 °C	160 °F
Viande hachée	Bien cuit	74 °C	165 °F

Bon barbecue !

Épices à steak maison

Vous pouvez utiliser cette recette pour tous les steaks de bœuf que vous apprêterez sur le barbecue. Vous pouvez varier cette recette en y ajoutant vos épices préférés comme le thym, le romarin, le poivre de Cayenne, etc. Laissez-vous inspirer !

Dans un mortier ou un moulin à café, moudre les épices jusqu'à la mouture désirée.

Ingrédients

2 c. à soupe de gros sel

2 c. à soupe de coriandre en grains

2 c. à soupe de poivre noir

2 c. à thé de poivre rose

1 c. à soupe de poudre d'ail
(ou flocons d'ail)

1 c. à thé de chili broyé

1 c. à thé de graines de moutarde

Hambourgeois d'été

Dans un mortier ou un moulin à café, broyer les grains de coriandre, le chili et le poivre.
Dans un grand bol, mélanger les épices broyées, le bœuf haché, l'œuf battu et la sauce Worcestershire.
Façonner des boulettes avec le mélange (donne 4 grosses boulettes).
Badigeonner les boulettes d'huile et les cuire sur le gril jusqu'à ce que la viande soit bien cuite.
En fin de cuisson, ajouter les tranches de fromages sur les boulettes pour qu'elles deviennent fondantes.
Griller les pains sur le gril jusqu'à ce qu'ils soient bien dorés.
Garnir avec les condiments, la roquette et quelques tranches d'avocat.

Ingrédients

500 g de bœuf haché mi-maigre

1 œuf battu

1 1/2 c. à soupe de coriandre en grains

5-6 grains de poivre

1 c. à soupe de sauce Worcestershire

1/2 c. à thé de chili broyé
(ou sambal oelek) au goût

Huile d'olive

4 pains style hamburger

Garniture :

Bouquet de roquette

4 tranches de fromage (cheddar fort, gruyère ou camembert)

Tranches d'avocat

Mayonnaise et moutarde forte
(au goût)

Hambourgeois d'été

Steak méditerranéen

Bavette de bœuf épicée

Mélanger tous les ingrédients de la marinade dans un grand bol
et faire mariner les bavettes dans un plat hermétique
ou un sac de type « Ziploc » environ 45 minutes à 2 heures minimum.
Cuire sur le gril selon la cuisson désirée.

Ingrédients

2 bavettes de bœuf
(environ 200 g par portion)

Marinade :

125 ml d'huile d'olive

60 ml de vinaigre de riz

4 gousses d'ail hachées finement

1 c. à thé de cumin

2 c. à soupe de thym frais

Une pincée de chili broyé
(sambal oelek ou un piment oiseau
haché finement)

2 feuilles de laurier

Poivre au goût

Steak méditerranéen

Mélanger tous les ingrédients de la marinade dans un grand bol
et faire mariner les steaks dans un plat hermétique ou un sac
de type « Ziploc » environ 45 minutes à 2 heures minimum.
Préchauffer le gril pendant environ 10 minutes.
Cuire sur le gril selon la cuisson désirée.
Servir en ajoutant un filet de vinaigre balsamique sur la viande (au goût).

Ingrédients

2 bons steaks
(coupe sans os de votre choix)

Marinade :

125 ml d'huile végétale

60 ml de vinaigre balsamique

3 c. à soupe de moutarde de Dijon

2 gousses d'ail hachées finement

4 branches de romarin frais
hachées finement

Steak café-poivre

À l'aide du mortier ou d'un moulin à café, moudre grossièrement les grains
de poivre et de café.

Étaler la préparation uniformément sur les steaks.

Laisser reposer de 30 minutes à 1 heure au réfrigérateur.

Cuire sur le barbecue préchauffé à température vive pendant environ
10 minutes en retournant une seule fois les steaks à mi-cuisson.

Retirer du gril et assaisonner de gros sel au goût.

Ingrédients

4 steaks Boston
(ou contre-filet ou New-York)

2 c. à soupe de grains de café

2 c. à soupe de grains de poivre

Huile végétale

Gros sel

Steak aux herbes

Dans un bol, mélanger les herbes et le poivre avec l'huile d'olive.

Badigeonner les steaks du mélange.

Placer les steaks sur la grille du barbecue.

Cuire sur le gril selon la cuisson désirée.

Ingrédients

4 filets de bœuf

1 c. à thé de basilic séché

1 c. à thé d'estragon séché

1 c. à thé de ciboulette séchée

4 gousses d'ail hachées

1/2 c. à thé de poivre

2 c. à soupe d'huile d'olive

Steak aux herbes

Filets de bœuf au bleu

Rôti de bœuf de Grand-Mère

Dans un grand bol, mélanger tous les ingrédients de la marinade.

Faire de petites entailles dans le rôti à l'aide d'un couteau.

Mettre le rôti dans le bol et l'enduire uniformément de la marinade.

Recouvrir d'une pellicule plastique pendant au moins 1 heure.

Vous pouvez laisser reposer au réfrigérateur jusqu'à 24 heures pour un maximum de saveur.

Au terme du temps de repos, retirer le rôti de la marinade et réserver.

Piquer les tranches d'oignons avec des cure-dents (trempés dans l'eau au moins 10 minutes) sur le dessus du rôti.

Placer sur le gril pour une cuisson indirecte pour environ 30 minutes.

Badigeonner ensuite le rôti avec le restant de marinade et laisser cuire pendant 30 minutes ou jusqu'à ce que la viande soit à la bonne cuisson.

Ingrédients

1 rôti de bœuf (environ 2,5 kg)

2 oignons coupés en tranches

Marinade :

3/4 tasse de vin rouge, préférablement sec

5 c. à soupe de moutarde de Dijon

1 c. à soupe de moutarde de Meaux

2 c. à soupe de vinaigre de vin rouge

1 c. à soupe d'huile d'olive

1 c. à soupe de sauce soja

Poivre du moulin

5 gousses d'ail hachées finement

4 branches de thym frais hachées

Prévoir des cure-dents

Filets de bœuf au bleu

Mettre le beurre ramolli, le fromage bleu, le thym, le romarin, le persil, l'ail, le sel, le poivre et les noix de pin dans le mélangeur et réduire en purée. Réserver.

Assaisonner les filets de sel et de poivre.

Faire revenir les filets sur le barbecue environ 5 minutes de chaque côté pour un filet saignant.

Servir accompagné du mélange de fromage bleu.

Ingrédients

225 g de filets de bœuf

1/2 tasse de beurre ramolli

1/2 tasse de fromage bleu

2 c. à soupe de thym frais haché

1 1/2 c. à soupe de romarin frais haché

1 c. à soupe de persil frais haché

2 gousses d'ail hachées

1/4 tasse de noix de pin

Sel et poivre

Ingrédients

Cubes de filet mignon de bœuf
(environ 800 g)

4 oignons verts coupés
en tronçons de 3 cm

Marinade :

3 gousses d'ail hachées finement

2 c. à soupe de gingembre frais
haché finement

1/2 c. à soupe de chili broyé

Poivre du moulin au goût

1/2 c. à thé d'huile de sésame pure
(facultatif)

2 c. à thé de cassonade

6 c. à soupe de sauce soja

1 c. à soupe de vinaigre de riz

1 c. à soupe de graines de sésame

Prévoir des broches de bois pour les
brochettes

Brochettes de bœuf
à l'asiatique

Dans un bol, mélanger tous les ingrédients de la marinade.

Dans un plat hermétique, mettre les cubes de bœuf et la marinade,
puis mélanger. Refermer.

Laisser reposer au réfrigérateur de 1 à 24 heures.

Durant le temps de repos, faire tremper les broches de bois dans
de l'eau environ 30 minutes.

Fabriquer les brochettes en alternant les cubes de bœuf et les tronçons
d'oignons verts.

Étaler les brochettes dans une assiette et les saupoudrer
avec les graines de sésame.

Cuire environ 6 minutes de chaque côté sur un gril préchauffé
à intensité moyenne-élevée.

Brochettes de bœuf à l'asiatique

Côtes levées de bœuf classiques

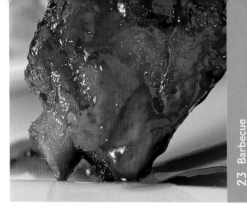

Côtes levées de bœuf classiques

Dans un bol, bien mélanger toutes les épices.

Étaler le mélange d'épices sur toutes les surfaces de vos côtes de bœuf.

Remplir le fond d'une rôtissoire d'eau (environ 3 cm).

Ajouter la grille de la rôtissoire et placer les côtes sur celle-ci.

Cuire à couvert dans le barbecue pendant environ 2 heures à 300°F (150 °C) ou jusqu'à ce que la viande se détache facilement de l'os.

Entretemps, préparer la sauce BBQ. Dans une casserole, faire fondre le beurre et faire revenir l'oignon et l'ail jusqu'à ce qu'ils soient translucides et dorés.

Ajouter tous les autres ingrédients en brassant. (Ajouter le vinaigre en dernier.)

Dès que le mélange commence à bouillir, réduire le feu et laisser mijoter 20 minutes en brassant fréquemment.

Laisser refroidir.

Retirer les côtes de la rôtissoire, badigeonner abondamment de sauce BBQ, cuire directement sur le gril pendant environ 15 minutes en retournant les côtes à mi-cuisson.

Badigeonner les côtes aux 5 minutes.

Servir avec le reste de la sauce BBQ.

Ingrédients

1,25 kg de côtes de bœuf (environ 14 côtes ou os)

2 c. à soupe de poivre fraîchement et grossièrement moulu

1 c. à soupe d'origan séché

1 c. à soupe de paprika

2 c. à soupe de sel de céleri

1/2 c. à soupe de poivre de Cayenne

Eau

Une rôtissoire munie d'une grille de cuisson à l'intérieur

Sauce BBQ :

1 oignon jaune haché finement

6 gousses d'ail hachées finement

2 c. à soupe de beurre

1 tasse de vinaigre de cidre

1 tasse de ketchup

1/2 tasse d'eau

2 c. à soupe de mélasse

2 c. à soupe de moutarde de Dijon

2 c. à soupe de cassonade

1 c. à soupe de sauce Worcestershire

1 c. à soupe de paprika

1 c. à soupe de pimentons

2 c. à soupe d'origan séché

2 c. à soupe de thym séché

1 c. à thé de poivre fraîchement moulu

1 c. à thé de poivre de Cayenne

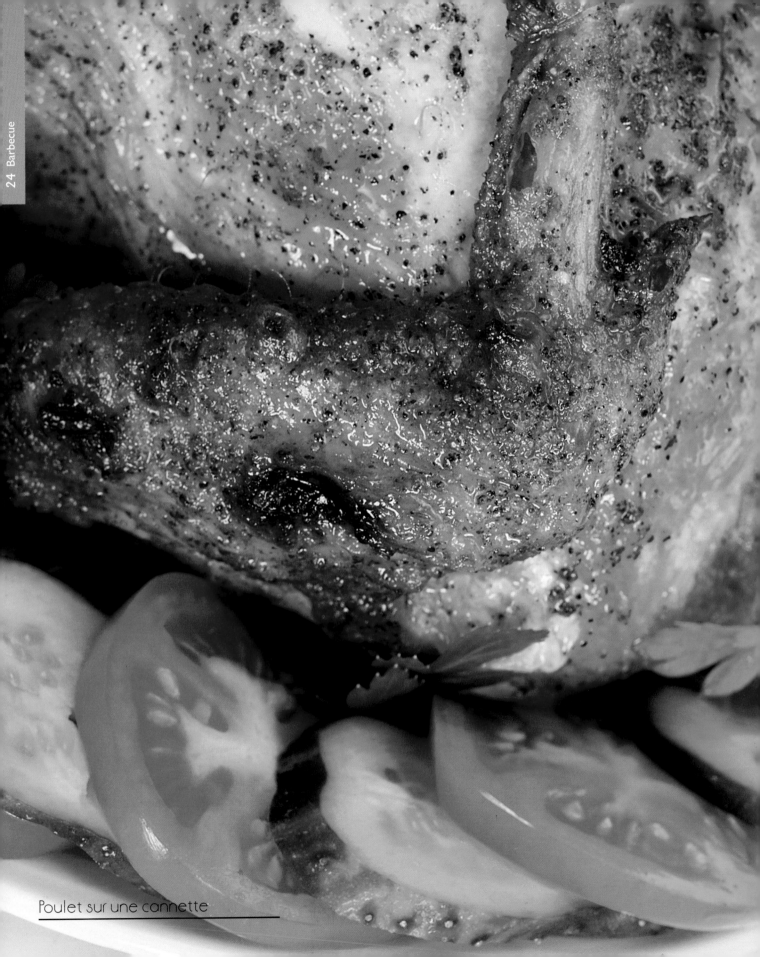

Poulet sur une cannette

Sel à frotter

Ce sel à frotter s'utilise surtout sur le poulet cuit entier.
Vous pouvez ajoutez des épices fraîches à ce mélange
et vous amuser à varier les combinaisons.
Dans un mortier ou un moulin à café,
moudre toutes les épices grossièrement.

Ingrédients

1 c. à soupe de moutarde sèche

1 c. à soupe de poudre d'oignon

1 c. à thé de paprika

1 c. à thé de sel

1/2 c. à thé de poudre d'ail

1 c. à thé de graines de coriandre

1/2 c. à thé de cumin

1/2 c. à thé de grains de poivre

Poulet sur une canette

Arranger le poulet en retirant les abats et le cou.
(Vous pouvez demander au boucher de faire ces opérations.)
Huiler légèrement toutes les surfaces du poulet.
Appliquer le sel à frotter sur toute la surface du poulet.
Ouvrir la canette de bière et enlever 1/4 de liquide de la canette.
Mettre le poulet sur la canette de façon à ce qu'il tienne debout.
Préchauffer le barbecue pour une cuisson indirecte.
Placer le poulet debout dans une assiette d'aluminium
sur la grille éteinte.
Cuire pendant environ 1 heure et demie en arrosant fréquemment
avec le jus de cuisson récupéré dans l'assiette d'aluminium.
Retirer le poulet de la canette de bière et découper.

Ingrédients

Sel à frotter

1 poulet entier

1 canette de 355 ml de bière

Huile végétale

Ingrédients

4 suprêmes de poulet

Marinade :

1 c. à soupe de moutarde de Dijon

125 ml de yogourt nature léger

1 c. à soupe d'huile végétale

2 c. à soupe de gingembre frais haché

1 gousse d'ail hachée finement

1 c. à thé de coriandre moulue

1/2 c. à thé de curcuma

1 c. à thé de cumin moulu

Une pincée de poivre de Cayenne

2 c. à soupe de jus de citron

Poulet tandoori

Dans un bol, fouetter la moutarde en incorporant doucement l'huile jusqu'à ce que le mélange soit homogène.

Ajouter le yogourt, le gingembre, l'ail et brasser.

Ajouter la coriandre, le cumin, le curcuma, le poivre de Cayenne, le jus de citron et brasser.

(Pour un maximum de saveur, mettre les épices dans une petite poêle et les faire dorer pendant quelques minutes jusqu'à ce que le mélange commence à dégager ses parfums.)

Mettre le mélange de marinade et les suprêmes de poulet dans un sac de type « Ziploc » ou dans un plat hermétique. S'assurer que le poulet est bien recouvert uniformément de marinade et laisser reposer au réfrigérateur de 7 à 24 heures.

Cuire sur le gril environ 20 minutes à feu moyen-élevé.

Ingrédients

4 suprêmes de poulet désossés et sans peau

1/3 tasse de moutarde de Dijon

1/4 tasse de miel

2 c. à soupe. de mayonnaise

Sel et poivre

Poulet moutarde et miel

Dans un bol, mélanger la moutarde, le miel, la mayonnaise, le sel et le poivre.

Réserver une partie du mélange pour badigeonner les poitrines.

Tremper les poitrines dans le reste du mélange.

Badigeonner la grille du barbecue d'huile d'olive, puis faire griller les poitrines environ 20 minutes en les retournant de temps à autre.

Badigeonner les poitrines lors des dernières 10 minutes de cuisson.

Servir.

Poulet moutarde et miel

Brochettes de poulet classiques de maman

Brochettes de poulet prosciutto pesto

Faire tremper les broches de bois dans l'eau pour éviter les échardes dans la viande.

À l'aide du mélangeur, du robot culinaire ou d'un bras mélangeur, créer une pâte homogène avec le basilic, l'ail et 15 ml d'huile. Réserver.

Couper les suprêmes de poulet en deux sur le sens de la longueur.

Placer les morceaux de poulet sur une planche à découper et les aplatir à l'aide d'une poêle ou d'un marteau prévu à cet effet.

Étaler les tranches de prosciutto et mettre un morceau de poulet sur chaque tranche.

Badigeonner chaque morceau de poulet de la préparation de basilic.

Enrouler les tranches de prosciutto avec le poulet.

Trancher les roulades en deux ou trois tranches épaisses.

Enfiler les tranches de roulades sur les broches de bois en alternant avec les rondelles de courgettes.

Badigeonner les brochettes avec le reste de l'huile.

Cuire sur le grll jusqu'à ce que le poulet ait perdu sa teinte rosée

Ingrédients

2 suprêmes de poulet

125 ml de feuilles de basilic frais

30 ml d'huile d'olive

2 gousses d'ail

4 tranches de prosciutto

2 courgettes jaunes ou vertes coupées en rondelles épaisses

Prévoir des broches de bois pour les brochettes

Brochettes de poulet classiques de maman

Faire tremper les broches de bois dans l'eau pour éviter les échardes dans la viande.

Dans un grand bol, mélanger les ingrédients de la marinade.

Faire mariner les poitrines de poulet en cubes dans la marinade pendant au moins 1 heure.

Monter les brochettes en alternant le poulet, les poivrons, les oignons et les champignons.

Cuire sur le barbecue environ 20 minutes ou jusqu'à ce que le poulet soit bien cuit et les légumes bien dorés.

Pendant la cuisson, badigeonner avec le reste de la marinade.

Ingrédients

2 poitrines de poulet désossées et coupées en dés

2 poivrons coupés en gros dés (de la couleur de votre choix)

2 oignons coupés en quartiers

Un casseau de champignons café (ou de Paris)

Prévoir des broches de bois pour les brochettes

Marinade :

60 ml d'huile végétale

60 ml de ketchup

75 ml de miel

75 ml de sauce soja (légère en sel)

1 gousse d'ail hachée finement

Poivre du moulin au goût

Ailes de poulet

Dans un grand bol, mélanger tous les ingrédients de la marinade.

Ajouter les ailes de poulet, mélanger, couvrir et laisser reposer au réfrigérateur pendant au moins 2 heures.

Enlever l'excédent de marinade et réserver.

Cuire sur le gril en badigeonnant de la marinade réservée.

Vous pouvez faire bouillir la marinade pendant au moins 10 minutes pour servir en accompagnement aux ailes de poulet. Si la marinade épaissie trop, la réduire avec un peu d'eau.

Ingrédients

1 kg d'ailes de poulet

Marinade :

1 tasse de ketchup

125 ml de bouillon de poulet

2 échalotes hachées finement

Une gousse d'ail hachée finement

Un morceau de gingembre
(taille moyenne) haché finement

45 ml de vinaigre de riz

45 ml de sauce soja

45 ml de miel
(ou de cassonade tassée)

1/2 c. à thé de poivre de Cayenne

Burgers de poulet à la citronnelle

Hacher finement le poulet au couteau.

Laver la branche de citronnelle et hacher finement la partie blanche.

Dans un bol, mélanger le poulet, l'ail, l'oignon, la coriandre, le poivre, les zestes de lime, la sauce soja, la chapelure et la citronnelle.

Façonner des boulettes avec le mélange (donne environ 4 boulettes).

Huiler les boulettes avec de l'huile végétale.

Cuire sur le barbecue à feu moyen-vif environ 5 minutes de chaque côté.

Servir sur des pains à hamburger grillés garnis de coriandre, de menthe et de mayonnaise.

Ingrédients

400 g de poulet désossé

1 gousse d'ail hachée finement

1 oignon haché finement

Une branche de citronnelle

2 c. à soupe de coriandre hachée finement

1 c. à soupe de zestes de lime

1 c. à soupe de sauce soja

125 ml de chapelure

Poivre au goût

Huile végétale

4 pains à hamburger

Burgers de poulet à la citronnelle

Porc grillé des Caraïbes

Poulet à la grecque

Dans un bol, mélanger tous les ingrédients de la marinade.
Mettre les suprêmes de poulet et la marinade dans un plat hermétique ou un sac de type « Ziploc » et s'assurer que la viande est uniformément couverte de marinade.
Laisser reposer au réfrigérateur de 4 à 24 heures.
Enlever l'excédent de marinade et cuire sur le barbecue préchauffé à température moyenne-élevée jusqu'à ce que le poulet soit bien cuit.
Servir avec une sauce tzatziki.
Vous pouvez aussi réaliser des brochettes savoureuses avec la même marinade et du poulet en cubes.

Ingrédients

4 suprêmes de poulet

Marinade :

250 ml de yogourt nature

2 c. à thé d'origan séché

3 gousses d'ail hachées finement

2 c. à thé de menthe fraîche
hachée finement

Poivre (au goût)

4 c. à thé d'huile d'olive

Porc grillé des Caraïbes

Dans un bol, mélanger tous les ingrédients de la marinade.
Mettre les poitrines de porc dans un plat hermétique et verser la marinade sur la viande.
S'assurer que la viande soit uniformément recouverte du mélange.
Refermer le plat et réfrigérer au moins 2 heures.
Enlever l'excédent de marinade.
Cuire sur le gril préchauffé à feu moyen-élevé en badigeonnant abondamment du reste de la marinade.
Servir sur un nid de riz.

Ingrédients

2 bonnes poitrines de porc

Marinade :

Un oignon coupé en quartiers

2 gousses d'ail

1 piment oiseau haché finement

1 c. à soupe de piment
de Jamaïque moulu

6 oignons verts hachés

4 c. à soupe de jus d'orange

4 brins de thym frais haché finement

1 1/2 c. à soupe de gingembre
frais haché finement

4 c. à soupe de sauce soja

Côtelettes de porc prosciutto et poivre

Couper les côtelettes de porc dans l'épaisseur pour obtenir des pochettes.

Insérer une tranche de prosciutto dans chaque côtelette et poivrer abondamment.

Refermer les côtelettes et les huiler de chaque côté.

Saupoudrer d'herbes de Provence et cuire à feu moyen sur le gril.

Ingrédients

4 côtelettes de porc
(pas plus de 2 cm d'épaisseur)

4 tranches de prosciutto
ou de jambon Speck

Poivre du moulin

Herbes de Provence

Huile d'olive

Filet de porc moutarde et miel

Mélanger tous les ingrédients de la marinade dans un grand bol.

Piquer le filet de porc avec un couteau pour que la marinade pénètre dans la chair.

Mettre la viande dans un plat hermétique et verser la marinade sur le filet de porc. Refermer le contenant et laisser reposer de 1 à 24 heures au réfrigérateur.

Saisir toutes les surfaces du filet de porc à feu vif sur le gril. Poursuivre la cuisson sur la grille supérieure du barbecue pendant environ 10 minutes. Avec le surplus de marinade, vous pouvez préparer une sauce pour accompagner la viande. Mettre la marinade dans un chaudron avec environ une tasse de lait ou de crème 15 %. Faites bouillir pendant 5 minutes pour tuer toutes bactéries de viande crue et laisser réduire jusqu'à la consistance désirée.

Ingrédients

1 filet de porc (environ 500 g)

Marinade :

200 ml d'huile végétale

2 c. à soupe de sauce soja

60 ml de moutarde forte

30 ml de moutarde de Meaux

60 ml de miel

2 gousses d'ail hachées finement

Filet de porc moutarde et miel

Côtes levées à la bière

Filet de porc dattes et bleu

Couper le filet de porc en papillon sur le sens de la longueur.

Étaler les dattes et le bleu dans le filet.

Attacher la pièce de viande avec de la ficelle à boucherie.

Huiler le filet de porc.

Cuire sur le gril à feu moyen-vif jusqu'à la cuisson désirée.

Ingrédients

1 filet de porc (environ 500 g)

8 dattes dénoyautées

125 ml de fromage bleu émietté

Huile végétale

Côtes levées à la bière

Dans un grand bol, mélanger tous les ingrédients de la marinade.

Déposer les côtes levées dans la marinade et laisser reposer au réfrigérateur entre 10 et 24 heures.

Retirer l'excédent de marinade, puis réserver.

Faire saisir les deux côtés des côtes levées sur le gril à feu élevé.

Prendre une rôtissoire, y déposer les côtes et verser la marinade.

Cuire avec le couvercle au barbecue pendant 2 heures et demie.

Retirer ensuite les côtes levées de la rôtissoire et réserver.

Dans un chaudron, faire réduire le jus de cuisson et la marinade récupérés au fond de la rôtissoire jusqu'à l'obtention d'une consistance épaisse qui nappe une cuillère.

Cuire les côtes levées 10 minutes à feu élevé en nappant de la réduction de marinade et du jus de cuisson.

Ingrédients

1,25 kg de côtes levées de porc

Marinade :

750 ml de bière rousse

Le jus de 3 limes (environ 125 ml)

Les zestes de 3 limes

60 ml sirop d'érable (ou miel)

1 1/2 c. à thé de poivre de Cayenne

30 ml de sauce Worcestershire

Sel et poivre

Kebabs de porc pistache coriandre

Ingrédients

500 g de porc haché

125 ml de pistaches décortiquées et hachées

1/2 oignon rouge haché finement

1 gousse d'ail hachée finement

1 c. à thé de sel

1 c. à thé de piment d'Alep (ou chili broyé)

1/2 c. à thé de cumin moulu

Poivre du moulin au goût

Prévoir des broches de bois ou de métal

Dans un grand bol, bien mélanger tous les ingrédients.

Couvrir et laisser reposer au réfrigérateur pendant 1 à 2 heures.

Diviser le mélange en portions égales, humecter les mains d'huile et former des saucisses d'environ 20 cm de longueur par 2 cm d'épaisseur autour des broches.

Huiler le gril et cuire les kebabs à feu vif de 5 à 10 minutes seulement.

Kebabs de veau et de bœuf

Ingrédients

450 g de filet de bœuf en cubes

450 g de longe de veau en cubes

4 c. à soupe de beurre fondu

Gros sel au goût

Marinade :

8 gousses d'ail hachées finement

1 c. soupe de gros sel

8 c. à soupe de xérès

2 c. à thé de harissa (ou sauce pimenté sambal oelek)

2 c. à soupe de romarin frais haché finement

Dans un bol, mélanger tous les ingrédients de la marinade.

Mettre les cubes de viande et la marinade dans un sac de type « Ziploc » ou un plat hermétique et s'assurer que tous les cubes soient recouverts uniformément.

Laisser reposer au réfrigérateur de 5 à 24 heures.

Faire tremper les broches de bois environ 30 minutes.

Embrocher la viande en alternant les cubes de veau et de bœuf.

Cuire sur le gril préchauffé à feu élevé pendant environ 10 minutes.

Au moment de servir, saupoudrer du gros sel au goût sur les kebabs.

Servir avec du pain plat et une trempette au labneh ou au yogourt nature.

Kebabs de veau et de bœuf

Agneau style méchou

Côtelettes d'agneau aux herbes fraîches

Dans un mélangeur ou un robot culinaire, mettre le romarin, le thym, l'ail, le poivre de Cayenne et le sel. Broyer jusqu'à ce que les ingrédients soient bien combinés.
Ajouter l'huile et continuer de mélanger jusqu'à l'obtention d'une pâte.
Étaler la pâte sur les deux côtés de chacune des côtelettes d'agneau.
Laisser reposer dans un plat hermétique au réfrigérateur au moins 1 heure.
Cuire 4 à 5 minutes de chaque côté sur un gril préchauffé à feu vif.
L'agneau doit être encore rosé lorsque servi.

Ingrédients

6 côtelettes d'agneau
(environ 2 cm d'épais)

3 gousses d'ail

Les feuilles de 4 brins de romarin

Les feuilles de 4 brins de thym

Une pincée de poivre de Cayenne

2 c. à soupe d'huile d'olive

Gros sel au goût

Agneau style méchoui

Préchauffer le barbecue à 390 °F (200 °C).
Dans un bol, mélanger le beurre et tous les assaisonnements jusqu'à l'obtention d'une pâte homogène.
Étaler la pâte sur le gigot d'agneau avec un couteau ou le dos d'une cuillère.
Laisser reposer le gigot environ 30 minutes.
Poser une assiette d'aluminium sous le gigot et cuire pendant 3 heures sur la broche tournante du barbecue.
Arroser le gigot régulièrement (aux 30 minutes) avec le jus récupéré dans l'assiette.
Si vous n'avez pas de broche tournante, saisir le gigot et le cuire par cuisson indirecte en allumant un seul côté du barbecue et en posant la pièce de viande sur la moitié éteinte.
L'arroser aux 30 minutes et le retourner une fois à mi-cuisson.

Ingrédients

1 gigot d'agneau (environ 2.5 kg)

1/4 tasse de beurre ramolli

Assaisonnements :

3 gousses d'ail écrasées

3 c. à thé de coriandre en grains moulue

1 c. à thé de paprika

2 c. à thé de cumin moulu

1/4 c. à thé de gros sel

Lapin grillé

Réserver un brin de romarin et un de thym pour badigeonner la viande. Dans un mélangeur ou avec un bras mélangeur, réduire en pesto le thym et le romarin.

Une fois les herbes hachées finement, ajouter l'huile d'olive, l'ail, le miel, le jus de citron et les zestes. Mélanger.

Prendre le ventre du lapin et l'ouvrir en papillon, mettre 2 à 3 tranches de pancetta à l'intérieur et refermer avec de la ficelle ou des broches de bois.

Pour faciliter la cuisson des morceaux de lapins, les piquer sur des broches de bois. Il sera plus facile ainsi de manier le lapin.

Cuire le lapin sur un gril d'intensité moyenne-élevée en badigeonnant souvent avec la marinade.

En fin de cuisson, ajouter les tranches de pancetta restantes sur les cuisses du lapin.

Quand le gras de la pancetta a fondu, la cuisson est terminée.

Ingrédients

1 lapin d'environ 1,5 kg arrangé en pièces (demander au boucher)

5 tranches épaisses de pancetta

Un bouquet de thym frais

Un bouquet de romarin frais

5 gousses d'ail hachées finement

Le jus et les zestes d'un citron

1 c. à soupe de miel

9 c. à soupe huile d'olive

Sel et poivre du moulin au goût

Magret de canard

Faire macérer les magrets dans le jus d'orange, le miel et un peu de poivre pendant 2 heures au réfrigérateur dans un plat hermétique. S'assurer que toutes les surfaces des magrets soient recouvertes.

Retirer de la marinade et réserver.

Cuire sur le gril tout en badigeonnant abondamment de la marinade réservée.

Retirer le gras des magrets et servir. (Conserver le gras de canard. Il est utile entre autres pour faire des pommes de terre.)

Ingrédients

2 magrets de canard

1 1/2 tasse de jus d'orange

3/4 tasse de miel (ou sirop d'érable)

Poivre du moulin au goût

Magrets de canard simple et efficace

Filets de sole lime et coriandre

Médaillons de cerf

Dans un bol, bien mélanger tous les ingrédients de la marinade. Mettre les médaillons de cerf dans un plat hermétique et verser la marinade sur la viande. S'assurer que la viande est recouverte uniformément de marinade, refermer le plat et laisser reposer au réfrigérateur pendant 1 heure. Enlever le surplus de marinade, réserver, et cuire environ 4 minutes de chaque côté sur le gril préchauffé à feu moyen-vif. Pendant la cuisson, badigeonner avec le reste de la marinade.

Ingrédients

2 médaillons de cerf

Marinade :

2 c. à soupe de miel

4 c. à soupe de vinaigre balsamique

2 c. à soupe d'huile d'olive

2 c. à soupe de basilic frais haché finement

1 c. à soupe de moutarde de Dijon

Filets de sole lime et coriandre

Faire tremper la planche de cèdre dans l'eau environ 2 heures. Préchauffer le barbecue à feu élevé. Placer les filets de sole sur la planche de cèdre. Badigeonner le poisson d'huile. Presser le jus de la moitié des quartiers de limes sur les filets de sole, puis assaisonner de sel et de poivre. Placer la planche de cèdre sur le gril, fermer le couvercle et laisser griller jusqu'à ce que la chair ne sois plus translucide. Retirer la planche de la grille et laisser reposer. Dans une poêle, faire fondre le beurre. Ajouter le jus du reste des quartiers de limes, l'ail, la coriandre, le sel et le poivre. Verser la sauce sur les filets de sole et servir.

Ingrédients

4 filets de sole

1 planche de cèdre

1 lime coupée en quartiers

3 gousses d'ail hachées

1/2 tasse de coriandre fraîche hachée

2 c. à soupe de beurre

Sel et poivre

1 c. à soupe d'huile d'olive

Ingrédients

4 filets de mérou (200 g max. chacun)

Marinade :

100 ml de tequila

125 ml de liqueur d'orange

Le jus de 8 limes

1 c. à thé de sel

3 gousses d'ail hachées finement

4 c. à soupe d'huile d'olive

Salsa :

5 tomates italiennes coupées en dés

1 oignon haché

1 petit piment jalapeño haché finement

5 c. à soupe de coriandre fraîche hachée finement

Une pincée de sucre

1 1/2 c. à soupe d'huile d'olive

Sel et poivre au goût

Mérou à la margarita

Dans un bol, mélanger tous les ingrédients de la marinade.

Mettre les filets de mérou dans un plat hermétique, verser la marinade sur le poisson, refermer et laisser reposer 30 minutes.

Entretemps, dans un bol, mélanger tous les ingrédients de la salsa et réfrigérer.

Enlever l'excédent de marinade des filets de poisson et cuire sur le gril huilé et préchauffé à feu moyen-vif.

Faire bouillir environ 5 minutes le restant de la marinade et réserver.

Servir le poisson sur un nid de salsa et un peu de la marinade réchauffée.

Mérou à la margarita

Poisson blanc enrobé de bacon

Truites entières farcies

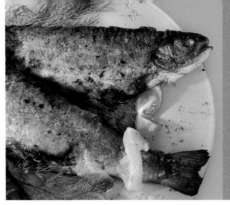

Éplucher un citron et ne garder que la pulpe.

Hacher et mettre dans un grand bol.

Ajouter le bacon, le persil, le poivre rose et saler et poivrer au goût.
Bien mélanger.

Mettre une quantité égale de farce à l'intérieur de chaque truite.

Attacher les poissons avec de la ficelle pour éviter
que la farce ne tombe pendant la cuisson.

Cuire sur le gril à température moyenne-élevée pendant
environ 15 minutes en retournant une seule fois à mi-cuisson.

Retirer du feu et déficeler les poissons.

Servir avec un quartier de citron.

Ingrédients

4 petites truites entières
évidées et sans arêtes

4 tranches de bacon
cuites hachées grossièrement

3 c. à soupe de persil
frais haché finement

1 c. à thé de poivre rose moulu

2 citrons

Gros sel et poivre du moulin au goût

Huile d'olive

Prévoir de la ficelle pour
attacher les truites

Poisson blanc enrobé de bacon

Dans un bol, mélanger tous les ingrédients de la marinade.

Mettre les filets de poisson dans une assiette et
les badigeonner abondamment de la marinade.

Enrouler chacun des filets de poisson avec deux tranches de bacon.

Cuire sur le gril préchauffé à température moyenne jusqu'à ce que le
bacon soit croustillant.

Pendant la cuisson, badigeonner avec le reste de la marinade.

Ingrédients

4 filets de poisson blanc
(200 g chacun)

8 tranches de bacon fumé

Marinade :

Les feuilles de 2 brins de romarins
hachées finement

Les zestes de 2 citrons

Le jus de 2 citrons

Poivre du moulin au goût

Huile d'olive

Ingrédients

4 filets de saumon avec la peau
(200 g chacun)

125 ml de vinaigre balsamique

1 1/2 c. à soupe de romarin frais
haché finement

Huile d'olive

Saumon glacé
au vinaigre balsamique

Mettre le vinaigre balsamique et le romarin dans une petite casserole et
réduire jusqu'à l'obtention d'une texture de glaçage. (Environ 10 minutes.)
Huiler les filets de saumon et le gril du barbecue.
Commencer la cuisson en mettant la peau vers le haut
pour environ 5 minutes.
Retourner ensuite de l'autre côté et badigeonner abondamment
du glaçage de vinaigre.
Répéter l'opération en fin de cuisson.
Servir chaud ou tiède sur une salade.

Ingrédients

4 filets de saumon sans peau
(environ 200 g chacun)

1/4 tasse de poivre concassé
ou passé au mortier

Huile végétale

Marinade :

3/4 tasse de sirop d'érable

1/4 tasse de sauce soja

Saumon glacé à l'érable
en croûte de poivre

Dans un bol, bien mélanger le sirop d'érable et la sauce soja.
Dans un sac type « Ziploc » ou un plat refermable hermétiquement,
mettre les filets de saumon et la marinade. S'assurer que les filets sont
recouverts uniformément de la marinade.
Refermer hermétiquement et mettre au réfrigérateur.
Laisser reposer de 4 à 24 heures en retournant le saumon aux heures.
Au terme du temps de repos, placer le poivre dans une assiette.
Retirer les filets de la marinade et enrober un seul côté du saumon de poivre.
Huiler la grille du barbecue et commencer la cuisson. Mettre la surface
enrobée de poivre vers le haut pour éviter que le poivre ne brûle.
Cuire environ 8 minutes.

Saumon glacé à l'érable en croûte de poivre

Saumon aux herbes fraîches

Saumon au beurre et au citron

Allumer le barbecue à feu moyen.

Badigeonner la grille d'huile d'olive et y placer les filets de saumon.

Dans un bol, mélanger le beurre, le jus de citron, le persil, le romarin, le sel et le poivre.

Badigeonner les filets du mélange.

Faire griller les filets de saumon environ 15 minutes en les badigeonnant de temps à autre.

Servir.

Ingrédients

2 filets de saumon avec la peau

Huile d'olive

1/4 tasse de beurre fondu

2 c. à soupe de jus de citron

2 c. à soupe de persil frais haché

1/4 c. à thé de romarin séché

1/4 c. à thé de sel

1/2 c. à thé de poivre

Saumon aux herbes fraîches

Dans le mélangeur ou le robot culinaire, mettre tous les ingrédients de la préparation d'herbes et mélanger jusqu'à l'obtention d'une pâte homogène.

Dans un contenant refermable hermétiquement, placer les 4 filets de saumon et étaler environ 1 c. à soupe de la préparation d'herbes du côté de la chair de chacun des filets.

Laisser reposer entre 1 et 12 heures.

Huiler la grille du barbecue et cuire de 5 à 10 minutes jusqu'à ce que la chair du poisson ne soit plus translucide.

Ingrédients

4 filets de saumon (200 g chacun)

Préparation d'herbes :

1/4 tasse de coriandre fraîche hachée finement et bien tassée

1/4 tasse de persil frais haché finement et bien tassé

1 1/2 c. à thé de chili broyé (facultatif)

2 gousses d'ail hachées finement

1/2 c. à thé d'origan en poudre

Sel et poivre du moulin au goût

3 c. à soupe d'huile d'olive

Ingrédients

Entre 700 et 800 g de filets de
saumon sans peau coupés en cubes

50 ml d'aneth frais haché

45 ml d'huile d'olive

1/2 c. à thé de sambal oelek

1 c. à thé de zeste de citron

30 ml de jus de citron

Sel et poivre au goût

Un citron coupé en quartiers

Prévoir quatre broches
de bois ou de métal

Brochettes de saumon

Faire tremper les broches de bois dans l'eau environ 30 minutes.

Dans un grand bol, mélanger l'aneth, l'huile, le sambal oelek, le zeste, le jus
de citron, le sel et le poivre.

Ajouter les cubes de saumon, bien les enrober du mélange et laisser
reposer environ 10 minutes.

Préparer les brochettes en alternant les quartiers de citron et les cubes de
saumon en s'assurant de débuter et de terminer la brochette avec un
quartier de citron.

Cuire environ 10 minutes les brochettes sur le gril en les badigeonnant du
reste de marinade.

Ingrédients

600 g de saumon sans peau

1/2 tasse de crème fraîche

2 c. à soupe de fécule de maïs

2 c. à soupe d'oignons verts
hachés finement

1 c. à soupe de ciboulette fraîche
hachée finement

1 c. à soupe de persil
haché finement

1 c. à thé de sel

Poivre du moulin au goût

Huile d'olive

6 pains à hamburger

6 tranches de fromage gouda

Mayonnaise et relish

Hambourgeois de saumon

Hacher le saumon finement.

Dans un grand bol, mélanger le saumon, la crème fraîche, la fécule de
maïs, les oignons verts, la ciboulette, le persil, le sel et le poivre.

Façonner des boulettes avec le mélange. (Donne environ 6 boulettes.)

Huiler la grille du barbecue et cuire environ 4 minutes de chaque côté.

Servir dans un pain à hamburger avec une tranche de fromage.

Garnir de mayonnaise et de relish.

Hamburgers de saumon

Steaks de thon teriyaki

Saumon cuit sur planches de cèdre

Dans un bol, mélanger tous les ingrédients de la marinade.
Mettre les filets de saumon dans un plat hermétique
et verser la marinade sur ceux-ci.
S'assurer que les poissons sont couverts uniformément de marinade.
Laisser reposer au moins 30 minutes au réfrigérateur.
Enlever l'excédent de marinade.
Cuire sur le gril à feu moyen-vif sur les planches de cèdre.
Cuire jusqu'à ce que la chair du saumon
se défasse facilement à la fourchette.

Ingrédients

8 filets de saumon (100 g chacun)

Marinade :

1 tasse de whisky

1/2 tasse de sirop d'érable

5 c. à soupe de sauce soja

4 c. à soupe d'huile d'olive

1 c. à thé de sambal oelek
(facultatif)

Poivre du moulin au goût

2 planches de cèdre (trempées
dans l'eau au moins deux heures)

Steaks de thon teriyaki

Dans un bol, bien mélanger tous les ingrédients de la marinade.
Dans un plat hermétique, mettre la marinade et les steaks de thon, refermer et laisser reposer au réfrigérateur pendant 5 à 9 heures.
Cuire le thon de chaque côté quelques minutes selon l'épaisseur.
Retirer du feu quand les steaks de thon sont encore rosés à l'intérieur.

Ingrédients

4 steaks de thon assez épais

Marinade :

2 c. à soupe de vinaigre de riz

1/3 tasse de sauce teriyaki

1 c. à soupe d'huile végétale

1/4 tasse de jus de citron

1 c. à thé de menthe
séchée ou fraîche

2 gousses d'ail

2 c. à soupe de cassonade

Bruschetta de pétoncles

Bruschettas de pétoncles

Dans un bol, mélanger 2 c. à soupe d'huile et 2 c. à soupe de jus de lime. Incorporer les pétoncles et remuer pour qu'ils soient bien enrobés du mélange. Laisser reposer 10 minutes. (Si vous attendez trop longtemps, le jus de lime cuira les pétoncles.)

Retirer de la marinade et cuire 4 minutes sur le gril huilé et préchauffé à température moyenne-élevée.

Retourner une fois à mi-cuisson. Retirer du gril et réserver.

Couper la baguette de pain en tranches minces.

Huiler chacune des tranches et poser sur le gril.

Cuire jusqu'à ce que le pain soit doré. Retirer et réserver.

Dans un bol, écraser les dés d'avocat pour obtenir une purée.

Ajouter le reste du jus de lime, la coriandre, les zestes, les tomates, saler et poivrer. Bien mélanger.

Étaler ce mélange sur les croûtons et terminer en posant une tranche de pétoncles sur le dessus de chacun des hors-d'œuvre.

Ingrédients

6 gros pétoncles
coupés en deux (horizontal)

2 c. à soupe d'huile d'olive

3 c. à soupe de jus de lime

Les zestes d'une lime

1 c. à soupe de coriandre fraîche
hachée finement

1 avocat pelé, dénoyauté
et coupé en dés

2 tomates italiennes coupées en dés

Gros sel et poivre du moulin au goût

Une baguette de pain

Crevettes grillées herbes et ail

Ingrédients

20 grosses crevettes décortiquées non déveinées

Quartiers de citron

Marinade :

4 gousses d'ail hachées finement

1 c. à soupe de romarin frais haché

1/4 tasse de persil frais haché

1 c. à soupe de sel de céleri

1 c. à soupe d'huile d'olive

Sel et poivre

Mettre les crevettes et tous les ingrédients de la marinade dans un sac de type « Ziploc » ou un plat de plastique hermétique. Bien agiter pour que les crevettes soient recouvertes entièrement de la marinade.

Laisser reposer au réfrigérateur pendant 1 heure.

Cuire sur le gril à feu vif.

Servir chaud avec un quartier de citron.

Brochettes de crevettes et pétoncles à l'orange

Ingrédients

20 crevettes

20 pétoncles

1 poivron rouge ou jaune coupé en gros cubes

1 oignon rouge coupé en demi-quartiers

Prévoir des broches de bois pour les brochettes

Marinade :

3 c. à soupe d'huile d'olive

2 tasses de jus d'orange (maison ou du marché)

2 c. à soupe de menthe fraîche hachée finement

Faire tremper les broches de bois dans l'eau environ 30 minutes.

Fabriquer des brochettes en alternant les crevettes, les pétoncles, le poivron et l'oignon.

Dans un grand plat hermétique, mettre tous les ingrédients de la marinade et mélanger.

Mettre les brochettes dans le plat et refermer.

Agiter vigoureusement pour que les brochettes s'imprègnent uniformément de la marinade. Laisser reposer environ 2 heures.

Huiler la grille du barbecue et cuire 5 minutes en badigeonnant du reste de la marinade.

Brochettes de crevettes et pétoncles à l'orange

Calmars grillés

Mélanger tous les ingrédients de la marinade.

Mettre les calmars et la marinade dans un plat hermétique
et laisser reposer environ 20 minutes.

Enlever l'excédent de marinade et cuire sur le gril environ 5 minutes
en les retournant pour faire une cuisson uniforme.

Servir chaud en entrée ou sur une salade.

Ingrédients

15 petits calmars bien nettoyés

Marinade :

4 c. à soupe de jus de lime
(2-3 limes) ou citron

1/2 c. à soupe de sambal oelek

1 c. à soupe de sauce poisson

2 c. à thé de sucre

Crevettes grillées enrobées de prosciutto

Dans un grand bol, mélanger l'huile, l'ail, l'aneth et l'estragon.

Incorporer les crevettes et mélanger pour que les crevettes soient
bien enrobées du mélange.

Couper les tranches de prosciutto en trois sur le sens de la longueur.

Enrouler chaque crevette d'un ruban de prosciutto.

Cuire sur le gril à feu moyen-vif environ 7 minutes. Retourner une fois
à mi-cuisson.

Servir en entrée.

Ingrédients

24 grosses crevettes décortiquées
et déveinées

2 c. à soupe d'huile d'olive

4 gousses d'ail hachées finement

1 c. à thé de graines d'aneth

1 c. à thé d'estragon séché

8 tranches de prosciutto

Crevettes grillées enrobées de prosciutto

Hambourgeois végétarien

Steak de tofu de Luco

Dans un plat refermable hermétiquement,
mélanger tous les ingrédients de la marinade. Réserver.
Égoutter le tofu et bien l'éponger pour retirer l'excédent d'eau.
Couper la brique de tofu en trois sur l'épaisseur
et ensuite couper ces tranches en deux.
Déposer les tranches de tofu dans la marinade en prenant soin
d'enrober uniformément chaque tranche. Refermer le plat.
Laisser reposer au moins 8 heures.
Retirer de la marinade et cuire sur le gril des deux côtés
jusqu'à ceux-ci soient bien marqués.

Ingrédients

1 brique de tofu
(environ 300 à 350 g)

Marinade :

3 c. à soupe de saké

1/2 c. à thé d'huile de sésame pure
(ou 1 c. à soupe de régulière)

1 gousse d'ail hachée finement

1 1/2 c. à soupe de
gingembre frais haché finement

1 oignon vert haché finement

Hambourgeois végétarien

Dans une poêle, chauffer la moitié de l'huile et faire revenir l'oignon
et l'ail jusqu'à ce qu'ils soient translucides.
Ajouter le cumin, le curcuma et le chili broyé. Brasser.
Ajouter les champignons et cuire quelques minutes jusqu'à ce que les
champignons aient perdu leur eau végétale. Réserver.
Écraser les haricots à la fourchette ou au bras mélangeur.
Le mélange n'a pas à être parfaitement homogène.
Ajouter le mélange d'haricots et la coriandre dans la poêle réservée.
Saler et poivrer au goût et bien mélanger.
Mettre de la farine dans les mains et façonner des galettes.
Si les galettes ne sont pas assez fermes,
ajouter de la chapelure au mélange.
Badigeonner les galettes avec le reste de l'huile et cuire sur le grill.
Retourner les galettes une seule fois.
Servir sur un pain pita avec du yogourt nature ou dans un pain
à hamburger avec une salsa et de la crème sure.

Ingrédients

La moitié d'un oignon
haché finement

1 gousse d'ail hachée finement

2 c. à soupe d'huile d'olive

6 champignons blancs
hachés finement (ou 2 portobellos)

1 c. à soupe de coriandre
fraîche hachée

1/2 c. à thé de cumin

1/2 c. à thé de curcuma

1/2 c. à thé de chili broyé

1 tasse de haricots blancs
ou rouges rincés et égouttés

Farine tout usage

Sel et poivre

Sandwich végétarien

Ingrédients

1/4 tasse de yogourt nature

2 gousses d'ail hachées

1 c. à soupe d'aneth frais haché

1 1/2 c. à soupe d'huile d'olive

1/2 poivron coupé en lanières

1 petite courgette coupée en tranches fines

1/2 oignon rouge tranché

1/4 d'aubergine coupée en tranches fines

1/2 tasse de fromage de chèvre

1 pain focaccia coupé en deux

Dans un bol, mélanger le yogourt, l'aneth et l'ail. Réserver.

Faire chauffer le barbecue à feu vif.

Badigeonner la grille et les légumes d'huile d'olive.

Placer les légumes sur la grille, les laisser griller, puis les retourner après environ 3 minutes.

Retirer du barbecue et réserver.

Badigeonner les tranches de focaccia du mélange de yogourt, puis ajouter le fromage de chèvre.

Placer le pain sur la grille, le fromage vers le haut, et fermer le couvercle du barbecue.

Laisser griller quelques minutes en vérifiant pour ne pas laisser le pain brûler.

Retirer le pain du barbecue, ajouter les légumes et servir.

Pizza végétarienne

Ingrédients

1 paquet de pâte à pizza
(pour faire 2 pizzas)

1 c. à soupe d'huile d'olive

1 gousse d'ail hachée

1/3 tasse de sauce à spaghetti en pot aux tomates et fines herbes

1 c. à soupe de pesto aux tomates

1/4 tasse de cœurs d'artichauts coupés en morceaux

Une demi-tomate coupée en rondelles

1/4 tasse d'olives Kalamata coupées en morceaux

1 1/2 tasse de mozzarella râpée

1/2 tasse de parmesan râpé

4 c. à soupe de coriandre fraîche

Sur une surface de travail, étaler la pâte à pizza.

Y mettre l'ail haché, puis bien pétrir la pâte. Séparer la pâte en deux parts égales et bien l'étaler pour faire deux pizzas. Allumer le barbecue à feu moyen et badigeonner la grille d'huile d'olive. Placer les pâtes sur le gril et badigeonner d'huile d'olive.

Lorsque le dessous commence à dorer, retourner les pâtes.

Badigeonner d'huile d'olive, puis de sauce à spaghetti.

Ajouter le pesto aux tomates, les tomates, les cœurs d'artichauts, les olives, la coriandre, la mozzarella et le parmesan.

Fermer le couvercle du barbecue et laisser cuire jusqu'à ce que le fromage ait fondu.

Laisser reposer les pizzas quelques minutes, puis servir.

Pizza végétarienne

Les légumes

Les légumes sont un accompagnement fréquent, mais néanmoins savoureux, à vos grillades sur le barbecue. Vous pouvez faire la plupart de vos légumes en papillote ou les cuire directement sur le gril.

En papillote et sur le gril ?

L'avantage de la papillote, c'est qu'elle conserve la saveur des aliments en les cuisant à la vapeur. Pour réaliser une papillote, vous pouvez utiliser du papier d'aluminium ou sulfurisé. Il est toutefois important de fermer hermétiquement le tout pour éviter de perdre les saveurs et ainsi s'assurer d'une cuisson à la vapeur. Les légumes, pendant la cuisson, libèrent une bonne quantité d'eau, il est donc inutile d'ajouter trop de liquide. Deux cuillères à soupe de jus de citron, d'alcool, de bouillon, etc. seront suffisantes. Trop de liquide pourrait faire rompre votre papillote ou encore faire bouillir le contenu plutôt que de le faire cuire à la vapeur. Vous pouvez aromatiser ce plat avec quelques herbes et épices.

Pour la cuisson des légumes sur le gril, il est préférable de bien huiler les aliments avant. Il vaut mieux faire blanchir la plupart des légumes verts avant de les saisir sur le barbecue.

Ingrédients

Pommes de terre

Ingrédients

(pour 4 à 6 pommes de terre)

250 ml de labneh

2 gousses d'ail hachées finement

60 ml d'aneth haché finement

60 ml de ciboulette hachée finement

Poivre du moulin

Un filet d'huile d'olive

Pomme de terre en robe de chambre

Pour réaliser une pomme de terre en robe de chambre, bien laver la pomme de terre mais ne pas peler. Piquer la pomme de terre plusieurs fois à l'aide d'une fourchette ou d'un couteau et l'emballer dans un papier d'aluminium. Faire cuire dans le barbecue pendant au moins 45 minutes.

Garniture algérienne

Mélanger le labneh, les fines herbes et l'ail.

Laisser reposer environ 1 heure.

Couper les pommes de terre en deux et mettez une bonne cuillère du mélange de fromage.

Compléter en versant un filet d'huile sur chaque pomme de terre et en y ajoutant un peu de poivre du moulin.

Garniture algérienne

Garniture classique

Papillote
de pomme de terre

Dans un grand bol, mettre les pommes de terre,
l'ail, le Bovril, l'origan et poivrer au goût.
Bien mélanger.
Étaler le mélange sur le papier d'aluminium
qui servira à réaliser la papillote.
Refermer hermétiquement la papillote.
Cuire sur la grille supérieure du barbecue pendant environ 45 minutes.

Ingrédients

5 pommes de terre non pelées
et coupées en juliennes

2 gousses d'ail hachées finement

3 c. à soupe de Bovril au poulet ou
250 ml de bouillon de poulet.

1 c. à soupe de beurre

2 c. à soupe d'origan frais haché
ou séché.

Poivre du moulin

Prévoir du papier d'aluminium
pour la papillote

Garniture classique

Une fois cuites, couper les pommes de terre en deux
et mettre environ 1 c. à soupe de fromage par convive.
Ajouter une bonne cuillère de crème sure.
Ajouter le bacon et les oignons verts sur chaque pomme de terre.
Compléter avec un peu de poivre du moulin.

Ingrédients

(pour 4 à 6 pommes de terre)

4 tranches bacon cuites
et coupées en dés

3 oignons verts hachés
finement

Crème sure

Fromage cheddar mi-fort râpé

Poivre du moulin

Patate douce cari sésame en papillote

Ingrédients

3 grosses patates douces pelées
et coupées en dés

1 c. à thé de cari moulu

2 c. à soupe d'huile d'olive

Quelques gouttes d'huile de sésame

Sel et poivre

Prévoir du papier d'aluminium
pour la papillote

Étaler le papier d'aluminium pour faire une papillote.

Mettre les patates, le cari, l'huile d'olive et quelques gouttes d'huile
de sésame sur le papier.

Saler et poivrer au goût.

Fermer hermétiquement.

Cuire au barbecue sur la grille du dessus pendant environ 40 minutes.

Poivrons grillés

Ingrédients

Poivrons de différentes couleurs

Les poivrons grillés sont un excellent accompagnement pour tout type de
grillades. Vous pouvez les servir avec du gros sel, un filet d'huile, un bon
vinaigre balsamique et du basilic ciselé. Vous pouvez aussi les incorporer
à une salade. Il est préférable d'utiliser des poivrons rouges et/ou jaunes
pour cette recette.

Laver les poivrons.

Couper les poivrons en deux et les épépiner.

Huiler abondamment la peau des demi-poivrons.

Les poser sur le gril à chaleur très élevée du côté de la peau.

Retirer les légumes une fois que la peau est noircie.

Laisser tiédir.

Enlever la pelure des poivrons.

Poivrons grillés

Courgettes grillées

Poivrons balsamiques

Laver les poivrons, les couper en deux et les épépiner.
Dans un grand plat se refermant hermétiquement, mettre tous les
ingrédients de la vinaigrette et bien mélanger.
Ajouter les demi-poivrons dans le plat, mélanger pour que les
légumes soient recouverts de la vinaigrette
et laisser reposer au moins 30 minutes.
Cuire sur le gril jusqu'à ce que les poivrons
soient tendres, mais pas noircis.

Ingrédients

4 poivrons rouges et/ou jaunes

Vinaigrette :

125 ml d'huile d'olive

2 c. à soupe de vinaigre
balsamique

Le jus d'un demi-citron

2 gousses d'ail hachées finement

2 c. à thé d'herbes de
Provence

Une pincée de sel

Courgettes grillées

Poser les lanières de courgettes dans une assiette et les badigeonner
uniformément des deux côtés de beurre, d'herbes salées et poivrer.
Cuire sur le gril à feu moyen-vif jusqu'à ce que les courgettes soient bien
marquées et encore croquantes.

Ingrédients

4 courgettes coupées en lanières

2 c. à soupe de beurre

1 c. à thé d'herbes salées
du Bas du fleuve

Poivre du moulin au goût

Courge musquée en papillote

Peler la courge et la couper en tranches minces ou en petits cubes.

Étaler du papier d'aluminium de façon à créer une assiette.

Mettre tous les ingrédients sur l'assiette créée.

Refermer d'un autre papier d'aluminium pour créer une papillote hermétique.

Cuire sur un gril préchauffé environ 30 minutes ou jusqu'à ce que la courge soit tendre.

Ingrédients

1 courge musquée (de 500 à 700 g)

1 gousse d'ail hachée finement

1 oignon haché finement

1 1/2 c. à soupe d'origan séché

2 1/2 c. à soupe de persil frais haché finement

3/4 tasse de crème 35 % (ou 15 %)

Sel et poivre

Prévoir du papier d'aluminium

Aubergines farcies

Couper les aubergines en deux sur le sens de la longueur.

Évider les aubergine en évitant de percer les pelures de celles-ci et en laissant environ 0,5 cm de chair.

Couper la chair en petits cubes.

Réserver les pelures d'aubergines.

Dans une poêle, faire chauffer l'huile et faire revenir l'oignon et l'ail jusqu'à ce qu'ils soient translucides et dorés, mais pas brunis.

Ajouter la chair d'aubergine et continuer la cuisson jusqu'à ce que l'aubergine soit tendre.

Réduire la température du rond et ajouter les tomates, la chapelure, le fromage, l'origan et saler et poivrer.

Laisser mijoter 4 minutes.

Mettre la farce dans les pelures d'aubergine.

Cuire sur le gril à feu moyen pendant environ 15 à 20 minutes.

Ingrédients

6 petites aubergines

2 c. à soupe d'huile d'olive

1 gousse d'ail hachée finement

1 oignon haché finement

1 boîte de tomates concassées

6 c. à soupe de chapelure

125 ml de cheddar fort râpé

1 c. à thé d'origan séché

Sel et poivre

Aubergines farcies

Artichauts grillés à l'ail

Aubergines marinées

Dans un bol, déposer tous les ingrédients de la vinaigrette
et bien mélanger jusqu'à ce le tout soit bien lié.
Ajouter les tranches d'aubergine et mélanger.
Laisser reposer pendant environ 10 minutes.
Enlever l'excédent de marinade et réserver.
Cuire sur le gril jusqu'à ce que les tranches d'aubergine soient tendres et
bien marquées en badigeonnant du reste de la marinade.
Servir en accompagnement ou dans une salade.

Ingrédients

1 grosse aubergine coupée en
tranches de 1,5 cm

Vinaigrette :

4 c. à soupe d'huile d'olive

2 c. à thé de vinaigre balsamique

1 c. à thé d'herbes salées
du Bas du fleuve

Poivre du moulin au goût

Artichauts grillés à l'ail

Faire fondre le beurre dans une petite casserole et ajouter l'ail.
Laisser mijoter 3 minutes. Retirer du feu et réserver.
À l'aide de ciseaux, couper les tiges et l'extrémité épineuse des artichauts.
En utilisant une cuillère à melon, évider le centre des artichauts
où il y a des cheveux et des feuilles mauves.
Mettre immédiatement du jus de citron pour éviter l'oxydation.
Placer les artichauts nettoyés dans une assiette et arroser avec le beurre
à l'ail. Réserver un peu de beurre pour une sauce.
Envelopper chaque artichaut dans du papier d'aluminium
comme une pomme de terre en robe de chambre.
Avec une fourchette, piquer partout pour que la vapeur puisse
s'échapper. Poser les artichauts sur le gril et cuire environ 25 à 30 minutes
en retournant de temps en temps jusqu'à ce que les feuilles se détachent
facilement du cœur. Retirer du gril.
Déballer et saupoudrer de parmesan. Servir avec le beurre à l'ail réservé.
Manger les feuilles en les trempant dans le beurre et savourer le cœur.

Ingrédients

8 artichauts

1/2 tasse de beurre

6 gousses d'ail hachées finement

2 citrons

Sel et poivre

1/2 tasse de parmesan râpé

Asperges sésame et ail

Faire tremper les broches de bois au moins 30 minutes
pour ne pas qu'elles brûlent sur le gril.

Faire bouillir les asperges 5 minutes dans l'eau.

Retirer de l'eau et refroidir.

Embrocher les asperges en piquant la broche de bois sur les têtes
d'asperges et en répétant l'opération avec une autre broche sur la queue
des asperges embrochées. La construction ressemble à un radeau.

Cela permettra d'éviter que les asperges ne tombent entre les grilles
du barbecue.

Badigeonner des deux côtés les petits radeaux d'asperges d'huile d'olive.

Saupoudrer avec l'ail et les graines de sésame.

Cuire sur le gril jusqu'à ce que les graines de sésame soient dorées.

Ingrédients

Une botte d'asperges
(environ une vingtaine)

2 gousses d'ail hachées finement

1 c. à soupe de graines de sésame

Huile d'olive

Prévoir des broches de bois

Épis de maïs en papillote

Éplucher les épis de maïs en conservant la tige.

Disposer chaque épi sur une feuille de papier d'aluminium.

Saupoudrer chacun des épis d'une pincée de sel et d'une pincée
de paprika. Ajouter le beurre sur chacun des maïs.

Emballer chacun des épis individuellement comme une pomme
de terre en robe de chambre.

Cuire sur le gril à feu vif pendant environ 30 minutes.

Déballer et servir chaud.

Ingrédients

Épis de maïs

Une pincée de paprika

1 c. à soupe de beurre

Sel au goût

Prévoir du papier d'aluminium

Épis de maïs en papillote

Têtes de violon en papillotes au jugo

Papillote de légumes

Arranger le brocoli et le chou-fleur en enlevant les troncs.

Couper les asperges en trois.

Arranger les poivrons et les couper en grosses lanières.

Dans un grand bol, mélanger l'huile, l'oignon,
l'ail, les zestes, le thym et la sauce soja.

Ajouter les légumes coupés et bien mélanger pour que les
légumes soient uniformément couverts du mélange d'huile et d'épices.

Étaler la préparation sur du papier d'aluminium et faire
une papillote hermétique.

Cuire la papillote sur le barbecue préchauffé à feu moyen-vif pendant
environ 20 minutes ou jusqu'à ce que les légumes soient tendres.

Ingrédients

1 oignon haché finement

3 gousses d'ail hachées finement

1 brocoli

1 chou-fleur

10 asperges

2 poivrons rouges et/ou jaunes

4 c. à soupe d'huile d'olive

1 c. à soupe de sauce soja

2 c. à soupe de thym frais haché

Les zestes d'une lime

Sel et poivre

Prévoir du papier d'aluminium

Têtes de violon
en papillote d'Hugo

Ingrédients

Faire bouillir les têtes de violon 5 minutes pour éliminer toutes les impuretés.

Étaler le papier d'aluminium, y déposer les têtes de violon
et arroser du vin et du jus de citron.

Saler et poivre au goût.

Refermer hermétiquement la papillote et cuire sur la grille
du haut du barbecue environ 10 minutes.

2 tasses de têtes de violon lavées

125 ml de vin rouge

Le jus d'un demi-citron

Gros sel au goût

Poivre du moulin au goût

Choux de Bruxelles

Nettoyer les choux et faire une incision en forme de croix
à la base des légumes.

Faire bouillir les choux pendant environ 8 minutes.

Égoutter.

Dans un bol, mélanger délicatement le beurre et les choux
et saler et poivrer.

Faire griller sur le gril jusqu'à ce que les choux soient bien marqués.

Ingrédients

Une quinzaine de choux de Bruxelles

2 c. à soupe de beurre ramolli

Gros sel et poivre au goût

Ingrédients

Une douzaine de petites carottes
(avec les feuilles)

5 c. à soupe de sirop d'érable

2 c. à soupe de beurre fondu

Gros sel au goût

Carottes grillées à l'érable

Brosser les carottes et couper les feuilles en gardant toutefois un pouce de
tige. (Cela aidera à la manipulation sur le gril.)

Faire bouillir les carottes environ 10 minutes. Retirer de l'eau et laisser tiédir.

Entretemps, mélanger le beurre et le sirop d'érable.

Poser les carottes dans une assiette et badigeonner de la moitié
du mélange de sirop.

Cuire à feu vif pendant environ 10 minutes. Pendant la cuisson,
badigeonner avec le reste du mélange de sirop.

Retirer du feu. Servir et saupoudrer de gros sel.

Carottes grillées à l'érable

Ananas grillé

Pommes d'automne

Dans un grand bol, mélanger le gruau, la farine,
la cassonade et la cannelle.
Ajouter le beurre ramolli et mélanger à l'aide des doigts ou d'une
fourchette. Ajouter les pacanes, mélanger. Réserver la garniture.
Couper les pommes en deux, les épépiner et enduire
toutes les surfaces de beurre fondu.
Cuire les demi-pommes sur le gril environ 10 minutes
de chaque côté à feu moyen-élevé.
Retirer du feu et mettre de la garniture au cœur des demi-pommes.
Remettre sur le gril environ 6 minutes, garniture vers le haut,
jusqu'à ce que celle-ci soit bien dorée.
Servir chaud avec un peu de crème 35 %.

Ingrédients

4 grosses pommes à cuire
Crème 35 %
2 c. à soupe de beurre fondu

Garniture :

1/2 tasse de flocons d'avoine
1/2 tasse de farine tout usage
1/2 tasse de cassonade
1/4 c. à thé de cannelle moulue
1/4 tasse de beurre ramolli
1/2 tasse de pacanes hachées.

Ananas grillé

Ingrédients

1 ananas coupé en rondelles (2 cm)

Glaçage :

3 c. à soupe de miel
3 c. à soupe de rhum brun
1 c. à soupe de jus de citron
Une pincée de muscade
Crème glacée à la vanille

Dans un bol, mélanger tous les ingrédients du glaçage.
Étaler les rondelles d'ananas dans une assiette et badigeonner
les deux côtés de la moitié du glaçage.
Griller les rondelles d'ananas des deux côtés sur le barbecue
environ 15 minutes.
Pendant la cuisson, badigeonner avec le reste du glaçage.
Servir chaud avec une boule de crème glacée à la vanille.

Pêches grillées à la crème

Dans un bol, mélanger tous les ingrédients de la garniture et réserver. Badigeonner les demi-pêches avec le beurre ramolli et cuire sur le gril environ 5 minutes de chaque côté. Badigeonner avec le miel pendant la cuisson.

Servir les pêches chaudes avec environ 2 c. à soupe de la garniture sur chacune d'elles.

Ingrédients

4 pêches lavées coupées en deux et dénoyautées

2 c. à soupe de beurre fondu

2 c. à soupe de miel

Garniture :

250 ml de fromage à la crème température pièce

2 c. à soupe de miel

3 c. à soupe d'amandes grillées et hachées

Bananes au chocolat

Ingrédients

4 bananes

1 tasse de chocolat noir haché finement (ou Nutella)

Poser la banane sur le côté et enlever une seule section de la pelure de chacune des bananes pour créer une ouverture. Une fois fait, les bananes ressemblent à de petites gondoles.

Faire des petites incisions dans la chair de la banane sur le sens de la largeur.

Mettre du chocolat dans les fentes.

Cuire sur le gril jusqu'à ce que la peau des bananes ait noirci et que le chocolat ait fondu.

Servir chaud avec de la crème fouettée ou une boule de crème glacée.

Bananes au chocolat

Brochettes de fruits

Brochettes de fruits

Faire tremper les broches de bois au moins 10 minutes dans l'eau.

Dans un bol, mélanger tous les ingrédients de la marinade.

Réserver.

Monter les brochettes en alternant les différents fruits.

Poser les brochettes sur une assiette et les arroser
avec la moitié de la marinade.

Faire cuire 20 minutes sur le gril préchauffé
à intensité moyenne en badigeonnant à mi-cuisson.

Servir chaud.

Ingrédients

1 grosse mangue ferme pelée
et coupée en dés

1 banane pelée coupée
en rondelles

20 fraises équeutées

1 ananas en cubes
(environ 20 morceaux)

Marinade :

4 c. à soupe de beurre fondu

2 c. à soupe de miel
(ou sirop d'érable)

2 c. à soupe de cassonade

1 c. à soupe de rhum brun

Une pincée de cardamome
moulue

Prévoir des broches de bois
pour les brochettes

Index

Collection

malins plaisirs

Des livres qui mettent l'eau à la bouche!

De la même collection, découvrez aussi :

Cocktails, punchs et sangrias

Crêpes

Sauces & trempettes

Vinaigrettes & marinades

Jus & smoothies

Cuisine réconfortante

Soupes

Plats mijotés

Purées pour bébés et repas pour enfants

Herbes et épices

Sandwichs

Salades

Poissons et fruits de mer

Fondues et raclettes

malins plaisirs

Des livres qui mettent l'eau à la bouche!

Poissons & fruits de mer

Des recettes pour livrer la mer dans votre assiette!

Par Marie-Jo Gauthier

Table des matières

Introduction

La collection Malins Plaisirs propose des livres de recettes
qui vous mettront l'eau à la bouche!
Des recettes originales à la portée de tous, de superbes
photos et des sujets variés : une collection parfaite pour
toutes les cuisines, et toutes les bouches!

Découvrez comment apprêter les poissons, les pétoncles,
les moules, les huîtres, ainsi que plusieurs autres fruits de mer.
Plus besoin d'aller au restaurant pour savourer votre plat de
crevette préféré: vous pourrez maintenant les cuisiner
dans le confort de votre foyer!

Bon appétit!

Mousse de saumon fumé

Omelette au saumon fumé et à l'aneth

Dans une grande poêle, faire chauffer l'huile d'olive à feu moyen.
Ajouter les oignons et les faire revenir jusqu'à ce qu'ils aient ramolli, soit environ 4 minutes.
Ajouter le saumon fumé et le faire revenir 1 minute.
Ajouter le mélange d'œufs, le sel et le poivre.
S'assurer que le mélange d'œufs soit réparti également. Laisser chauffer jusqu'à ce que les œufs soient cuits, soit 4-5 minutes.
Ajouter l'aneth, plier l'omelette en deux et servir.

Ingrédients

3 c. à soupe d'huile d'olive

1 petit oignon haché

115 g de saumon fumé

4 œufs battus

1/4 c. à thé de sel

1/4 c. à thé de poivre

1 bouquet d'aneth frais

Mousse de saumon fumé

Mettre les morceaux de saumon fumé dans le mélangeur et mélanger jusqu'à obtenir une consistance lisse.
Ajouter la crème, le fromage à la crème, le jus de citron, la coriandre, le sel et le poivre. Bien mélanger jusqu'à obtenir une consistance homogène.
Mettre dans un bol et servir avec des craquelins.

Ingrédients

115 g de saumon fumé coupé en morceaux grossiers

2 c. à soupe de crème 35 %

1 paquet (225 g) de fromage à la crème ramolli

Le jus de 1/2 citron

1/2 c. à thé de graines de coriandre moulues

1/4 c. à thé de sel

1/4 c. à thé de poivre

Tartinade de saumon

Dans une casserole remplie d'eau, faire bouillir le saumon environ 10 minutes, ou jusqu'à ce qu'il se défasse facilement. Réserver.

Dans un bol, mélanger le fromage à la crème, la crème sure, les oignons verts, le sel, la sauce piquante, le jus de citron et la sauce Worcestershire.

Émietter le saumon et l'ajouter au mélange. Bien mélanger.

Couvrir et mettre au réfrigérateur environ 8 heures avant de servir.

Servir avec des craquelins.

Ingrédients

454 g de filets de saumon

1 paquet (225 g) de fromage à la crème ramolli

1/2 tasse de crème sure

2 oignons verts hachés finement

1/2 c. à thé de sel

2 gouttes de sauce piquante (Tabasco, harissa ou autre)

Le jus de 1/2 citron

1 c. à soupe de sauce Worcestershire

Roulés au saumon et à la chair de crabe

Mélanger la mayonnaise et le whiskey dans un petit bol.

Ajouter la chair de crabe et les graines de fenouil.

Étendre le mélange sur les tranches de saumon, les rouler en forme de cylindre, puis les réfrigérer pendant 15 minutes.

Pour servir, diviser la salade mesclun sur 4 assiettes et y ajouter 2 roulés et 2 tranches d'avocats par plat. Saupoudrer le tout de noix de Grenoble hachées.

Arroser la salade de vinaigrette et servir avec un pain croûté.

Ingrédients

3/4 tasse de mayonnaise

2 c. à soupe de whiskey

454 g de chair de crabe fraîche

1/2 c. à thé de graines de fenouil

8 tranches (environ 225 g) minces de saumon fumé

3 tasses de salade mesclun

1 avocat pelé, dénoyauté et coupé en 8 tranches

1/2 tasse de noix de Grenoble hachées

Vinaigrette au choix pour servir avec la salade

Roulés au saumon et à la chair de crabe

Galettes de saumon

Préchauffer le four à 350 °F (175 °C).

Égoutter la canne de saumon et réserver l'eau.

Retirer la peau et les os et émietter le saumon à l'aide d'une fourchette.

Ajouter le jus de citron à l'eau de la conserve.

Ajouter de l'eau jusqu'à obtenir 1/2 tasse de liquide.

Ajouter le liquide au saumon.

Ajouter le reste des ingrédients et bien mélanger.

Façonner 4 galettes, mettre sur une tôle à cuisson et cuire 30 minutes.

Servir.

Ingrédients

1 conserve (454 g) de saumon

1 c. à soupe de jus de citron

De l'eau froide

2 œufs battus

1/4 c. à thé de poivre

1 tranche de pain émiettée

1/4 tasse de céleri finement haché

2 c. à soupe d'oignons verts finement hachés

1 c. à soupe de poivron rouge finement haché

1/3 tasse d'oignon finement haché

2 c. à soupe de farine

1 c. à thé de levure chimique (poudre à pâte)

2 c. à soupe d'huile d'olive

Salade de saumon

Mélanger tous les ingrédients et laisser refroidir au réfrigérateur.

Servir en sandwich, sur des craquelins ou avec de la laitue.

Ingrédients

1 conserve de saumon en morceaux, égouttée

2 tomates coupées en morceaux

1 concombre pelé et coupé en morceaux

2 oignons verts hachés

1/4 tasse de sauce soja

3 c. à soupe d'huile d'olive

1 gousse d'ail pressée

1/2 c. à soupe de poivre noir

Salade de saumon

Salade de saumon à la russe

Saumon et pommes de terre à la mijoteuse

Placer la moitié des pommes de terre dans la mijoteuse graissée.

Saupoudrer de la moitié de la farine, du sel et du poivre.

Ajouter la moitié du saumon et la moitié des oignons.

Recommencer l'opération patates-saumon-oignons.

Dans un bol, mélanger la crème de champignon et l'eau.

Verser le mélange dans la mijoteuse.

Saupoudrer de noix de muscade, couvrir et laisser mijoter à basse température entre 7 et 9 heures, ou jusqu'à ce que les pommes de terre soient bien tendres.

Servir.

Ingrédients

5 pommes de terre pelées et coupées en rondelles

3 c. à soupe de farine

1/4 c. à soupe de sel

1/4 c. à soupe de poivre

1 conserve (454 g) de saumon en morceaux, égouttée

1/2 tasse d'oignons hachés

1 conserve (315 ml) de crème de champignons

1/4 tasse d'eau

1/4 c. à thé de muscade

Salade de saumon à la russe

Mélanger la crème sure et la mayonnaise dans un grand bol et ajouter du sel et du poivre au goût.

Faire chauffer l'huile de canola et le jus de citron dans une poêle et y ajouter le saumon.

Mettre un couvercle et faire cuire à feu bas durant 10 minutes ou jusqu'à ce que le poisson soit cuit.

Faire refroidir le saumon et couper en morceaux.

Mélanger le reste des ingrédients au mélange de mayonnaise et de crème sure et ajouter le saumon.

Servir sur les tranches de bain brun.

Ingrédients

225 g de filets de saumon

2 œufs bouillis, coupés

1/2 poivron rouge coupé en fines lanières

1/2 oignon haché

2 c. à soupe de jus de citron

1 c. à soupe d'huile de canola

1 c. à soupe d'aneth haché

8 c. à soupe de crème sure

2 c. à soupe de mayonnaise

4 tranches de pain brun

Sel et poivre

Ingrédients

4 filets de saumon sans peau
(environ 200 g chacun)

1/4 tasse de poivre concassé
ou passé au mortier

Huile végétale

Marinade :

3/4 tasse de sirop d'érable

1/4 tasse de sauce soja

Saumon glacé à l'érable en croûte de poivre

Dans un bol, bien mélanger le sirop d'érable et la sauce soja.

Dans un sac type « Zyploc » ou un plat refermable hermétiquement, mettre les filets de saumon et la marinade. S'assurer que les filets sont recouverts uniformément de la marinade. Refermer hermétiquement et mettre au réfrigérateur.

Laisser reposer de 4 à 24 heures en retournant le saumon aux heures.

Au terme du temps de repos, placer le poivre dans une assiette.

Retirer les filets de la marinade et enrober un seul côté du saumon de poivre.

Huiler la grille du barbecue et commencer la cuisson. Mettre la surface enrobée de poivre vers le haut pour éviter que le poivre ne brûle.

Cuire environ 8 minutes.

Ingrédients

4 filets de saumon (200 g chacun)

Préparation d'herbes :

1/4 tasse de coriandre fraîche, hachée finement et bien tassée

1/4 tasse de persil frais, haché finement et bien tassé

1 1/2 c. à thé de chili broyé (au goût)

2 gousses d'ail hachées finement

1/2 c. à thé d'origan en poudre

Sel et poivre du moulin

3 c. à soupe d'huile d'olive

Saumon aux herbes fraîches

Dans le mélangeur ou le robot culinaire, mettre tous les ingrédients de la préparation d'herbes et mélanger jusqu'à l'obtention d'une pâte homogène.

Dans un contenant refermable hermétiquement, placer les 4 filets de saumon et étaler environ 1 c. à soupe de la préparation d'herbes du côté de la chair de chacun des filets.

Laisser reposer entre 1 et 12 heures.

Huiler la grille du barbecue et cuire de 5 à 10 minutes, jusqu'à ce que la chair du poisson ne soit plus translucide.

Saumon aux herbes fraîches

Brochette de saumon

Saumon glacé au vinaigre balsamique

Mettre le vinaigre balsamique et le romarin dans une petite casserole et réduire jusqu'à l'obtention d'une texture de glaçage (environ 10 minutes).
Huiler les filets de saumon et la grille du barbecue.
Commencer la cuisson en mettant la peau vers le haut pour environ 5 minutes. Retourner ensuite de l'autre côté et badigeonner abondamment du glaçage de vinaigre.
Répéter l'opération en fin de cuisson.
Servir chaud ou tiède sur une salade.

Ingrédients

4 filets de saumon avec la peau (200 g chacun)

125 ml de vinaigre balsamique

1 1/2 c. à soupe de romarin frais haché finement

Huile d'olive

Brochette de saumon

Faire tremper les broches de bois dans l'eau environ 30 minutes.
Dans un grand bol, mélanger l'aneth, l'huile, le sambal oelek, le zeste, le jus de citron, le sel et le poivre.
Ajouter les cubes de saumon, bien les enrober du mélange et laisser reposer environ 10 minutes.
Préparer les brochettes en alternant les quartiers de citron et les cubes de saumon, en s'assurant de débuter et de terminer la brochette avec un quartier de citron.
Cuire environ 10 minutes les brochettes sur le gril en les badigeonnant du reste de marinade.

Ingrédients

Entre 700 et 800 g de filet de saumon sans peau coupé en cubes

50 ml d'aneth frais haché

45 ml d'huile d'olive

1/2 c. à thé de sambal oelek

1 c. à thé de zeste de citron

30 ml de jus de citron

Sel et poivre

1 citron coupé en quartiers

Prévoir 4 broches de bois ou de métal

Filets de tilapia sauce alfredo

Ingrédients

4 filets de tilapia

2 c. à soupe d'huile d'olive

1/2 c. à thé de gros sel

1/4 c. à thé de poivre

3 c. à soupe de beurre

2 gousses d'ail hachées

1 tasse de sauce alfredo

Préchauffer le four à 425 °F (220 °C).

Badigeonner les filets d'huile d'olive (de chaque côté).

Assaisonner avec le sel et le poivre, puis placer sur une tôle à cuisson.

Mettre au four et cuire environ 10 minutes, ou jusqu'à ce que le poisson se défasse facilement.

Pendant ce temps, faire chauffer le beurre dans une casserole à feu moyen.

Ajouter l'ail et faire revenir jusqu'à ce qu'il ait ramolli, soit environ 2 minutes.

Augmenter à feu moyen-vif et ajouter la sauce alfredo.

Faire chauffer jusqu'à obtenir la température désirée.

Sortir les filets du four, et les servir couverts de sauce alfredo.

Hamburger de saumon

Ingrédients

600 g de saumon sans peau

1/2 tasse de crème fraîche

2 c. à soupe de fécule de maïs

2 c. à soupe d'oignons verts hachés finement

1 c. à soupe de ciboulette fraîche hachée finement

1 c. à soupe de persil haché finement

1 c. à thé de sel

Poivre du moulin

Huile d'olive

6 pains à hamburger

6 tranches de fromage gouda

Hacher le saumon finement.

Dans un grand bol, mélanger le saumon, la crème fraîche, la fécule de maïs, les oignons verts, la ciboulette, le persil, le sel et le poivre.

Façonner des boulettes avec le mélange (donne environ 6 boulettes).

Huiler la grille du barbecue et cuire environ 4 minutes de chaque côté.

Servir dans un pain hamburger avec une tranche de fromage.

Garnir de mayonnaise et de relish.

Hamburger de saumon

Tilapia au parmesan et aux graines de lin

Tilapia aux légumes

Couper tous les légumes en juliennes et les mélanger dans un plat.

Couper 4 feuilles de papier d'aluminium.

Répartir les légumes également sur chaque feuille.

Placer un filet sur chaque pile de légumes, puis assaisonner de vin, de jus de citron et d'une noisette de beurre.

Bien refermer le papier d'aluminium et cuire au four une quinzaine de minutes à 350 °F (175 °C).

Ingrédients

4 filets de tilapia

2 carottes

2 branches de céleri

1 poivron rouge

1/2 tasse de beurre

1 c. à soupe de jus de citron

1/4 tasse de vin blanc

Tilapia au parmesan et aux graines de lin

Dans une poêle, faire chauffer le beurre et l'huile d'olive à feu moyen-vif.

Ajouter l'ail et faire revenir jusqu'à ce que l'ail ramollisse. Retirer du feu.

Bien rincer et essorer les filets de tilapia.

Les placer sur une tôle à cuisson, les saler et les poivrer.

Badigeonner les filets de beurre/huile à l'ail.

Couvrir de papier d'aluminium et cuire à 375 °F (190 °C) pendant 5 minutes, ou jusqu'à ce que la chair se défasse facilement.

Sortir du four et retirer le papier d'aluminium.

Dans un petit bol, mélanger les graines de lin, le parmesan, le sel et le poivre.

Mettre le mélange sur les filets, ajouter du beurre à l'ail par-dessus et cuire à broil environ 3 minutes.

Servir.

Ingrédients

2 filets de tilapia

2 c. à soupe de graines de lin moulues

4 c. à soupe de beurre

2 c. à soupe d'huile d'olive

2 gousses d'ail hachées

2 c. à soupe de parmesan râpé

Sel et poivre blanc au goût

Tilapia au cidre de pomme

Laver les filets et les placer dans un plat en verre allant au four.

Ajouter le cidre.

Couvrir et réfrigérer 1 heure.

Dans un bol, mélanger la mayonnaise et le raifort. Réserver.

Remplir une grande casserole de 1/2 pouce d'eau et porter à ébullition.

Ajouter l'ail et réduire à feu doux.

Ajouter les filets de tilapia.

Ajouter le basilic, couvrir et laisser mijoter 15 minutes.

Retirer les tilapias et servir avec une cuillère de sauce.

Ingrédients

2 filets de tilapia

1/2 tasse de cidre de pomme

1 c. à thé de raifort

1 c. à soupe de mayonnaise

1 c. à thé de basilic frais

2 gousses d'ail pressées

Steaks d'espadon

Dans un bol, mélanger les champignons, les oignons, les poivrons verts, le jus de citron, l'huile d'olive, le sel, le poivre et les graines d'aneth.

Préchauffer le four à 400 °F (220 °C).

Couvrir une tôle à cuisson de papier d'aluminium. Étendre le mélange sur la tôle couverte de papier d'aluminium, puis coucher les espadons par-dessus.

Saupoudrer de sel et de poivre, ajouter les feuilles de laurier, couvrir de papier d'aluminium et cuire au four environ 55 minutes, ou jusqu'à ce que la chair se défasse facilement.

Servir.

Ingrédients

1/2 tasse de champignons tranchés

1 tasse d'oignons tranchés

2 c. à soupe de poivrans verts hachés

2 c. à soupe de jus de citron

2 c. à soupe d'huile d'olive

1/4 c. à thé de sel

1/4 c. à thé de poivre

1/4 c. à thé de graines d'aneth

4 steaks d'espadons

2 feuilles de laurier

2 tomates

Steaks d'espadon

Morue au four

Rouget à l'espagnole

Étendre les oignons dans un plat à cuisson,
et mettre les filets de rouget par-dessus.
Couper les poivrons en rondelles et les placer sur les rougets.
Préchauffer le four à 350 °F (175 °C).
Dans un bol, mélanger l'huile d'olive, le sel, le poivre,
le bouillon de légumes, le vin et l'ail.
Verser le mélange sur le poisson.
Mettre au four et laisser cuire environ 30 minutes.
Garnir d'amandes grillées et de persil.
Servir.

Ingrédients

3 oignons sucrés moyens
coupés en rondelles

900 g de filets de rougets

2 poivrons verts

1 poivron rouge

1 poivron jaune

1/2 tasse d'huile d'olive

1 c. à thé de sel

1/8 c. à thé de poivre

3/4 tasse de bouillon de légumes

1 tasse de vin blanc sec

2 gousses d'ail hachées

1/4 tasse d'amandes
grillées et tranchées

1 bouquet de persil frais

Morue au four

Préchauffer le four à 400 °F (200 °C).
Placer les oignons dans un plat à cuisson.
Mettre les filets de morue par-dessus et les badigeonner de jus de citron.
Saupoudrer de sel, de poivre et de paprika.
Mettre le poisson au four 15 minutes.
Retirer du four et placer les morceaux de tomates
autour des filets de morue.
Saupoudrer à nouveau de poivre, répartir le cheddar également
sur chaque filet et remettre au four 15 minutes.
Servir accompagné de quartiers de citrons.

Ingrédients

1 oignon tranché finement

680 g de filets de morue

3 c. à soupe de jus de citron

1/4 c. à thé de sel

1/2 c. à thé de poivre

1/4 c. à thé de paprika

3 tomates coupées en quatre

3 c. à soupe de cheddar fort râpé

1 citron coupé en quartiers

Ingrédients

454 g de morue salée
(sans peau ni os)

2 c. à soupe de farine

1/2 tasse d'huile d'olive

2 oignons hachés finement

1 gousse d'ail hachée

1 poivron rouge coupé en dés

1 poivron vert coupé en dés

2 petites aubergines coupées en dés

2 courgettes coupées en dés

2 tomates mûres coupées en dés

1 tasse d'eau

Sel et poivre

Ingrédients

900 g de filets de sole

Beurre

Sauce :

4 c. à soupe de beurre

4 c. à soupe de farine tout usage

2 tasses de lait chaud

1/2 tasse de parmesan râpé

2 jaunes d'œufs battus

1/4 c. à thé de sel

1/4 c. à thé de poivre blanc

Quelques gouttes de sauce
Worcestershire

Morue aux légumes

Placer la morue salée dans de l'eau froide et laisser tremper durant au moins 24 heures en changeant l'eau 2 ou 3 fois.

Mettre tous les légumes coupés dans un bol.

Enlever le poisson de l'eau et passer quelques essuie-tout dessus pour enlever l'excédent d'eau.

Couper la morue en morceaux.

Chauffer l'huile d'olive dans une poêle à frire assez profonde.

Recouvrir la morue de farine puis faire frire dans la poêle jusqu'à ce que les morceaux brunissent de chaque côté. Retirer de la poêle et mettre de côté.

Mettre les oignons, l'ail et les poivrons dans la poêle et faire sauter.

Ajouter les aubergines, les courgettes et les tomates.

Ajouter l'eau et faire cuire de 5 à 10 minutes.

Ajouter le poisson et faire cuire durant environ 10 minutes.

Servir le tout avec du pain ou du riz.

Filets de sole
à la sauce mornay

Préchauffer le four à 350 °F (175 °C).

Dans un grand plat allant au four bien graissé, placer les filets de sole.

Ajouter 1/4 pouce d'eau. Mettre au four 20 minutes, ou jusqu'à ce que la chair se défasse facilement.

Pendant ce temps, faire chauffer le beurre dans une casserole à feu moyen.

Ajouter la farine et bien mélanger jusqu'à obtenir une texture lisse.

Ajouter le lait chaud peu à peu. Laisser mijoter en brassant constamment jusqu'à ce que la sauce bouille et épaississe.

Réduire à feu doux et laisser mijoter 5 minutes en brassant de temps à autre.

Ajouter le fromage et mélanger jusqu'à ce qu'il soit fondu.

Mélanger 1/2 tasse de la sauce aux jaunes d'œufs. Bien mélanger et verser dans la casserole. Ajouter le sel, le poivre et la sauce Worcestershire. Réserver.

Sortir le poisson du four, le transférer dans un plat à service allant au four.

Verser la sauce sur le poisson, mettre le four à broil et faire griller le poisson environ 4 minutes. Servir.

Filets de sole à la sauce mornay

Roulés de sole aux épinards

Filets de sole aux bananes

Dans un bol, mélanger la farine, la poudre de curry et la sauce soja.

Couvrir les bananes et les filets du mélange et réserver.

Dans un poêlon, faire chauffer l'huile à feu moyen-vif.

Ajouter le céleri et faire revenir jusqu'à ce qu'il soit croustillant. Réserver.

Ajouter le beurre et faire revenir les bananes jusqu'à ce qu'elles soient bien dorées, soit environ 1 minute de chaque côté.

Arroser de la moitié du jus de citron et transférer dans un plat à service.

Faire revenir les filets dans le poêlon environ 3 minutes de chaque côté, ou jusqu'à ce que la chair se défasse facilement.

Arroser du reste du jus de citron et placer dans le plat à service avec les bananes.

Ajouter le céleri par-dessus et servir.

Ingrédients

1/4 tasse de farine

2 c. à soupe de poudre de curry

1/4 c. à thé de sauce soja

4 bananes pelées et coupées en deux dans le sens de la longueur

454 g de filets de sole

1 c. à soupe d'huile

3 branches de céleri tranchées

4 c. à soupe de beurre

2 c. à soupe de jus de citron

Roulés de sole aux épinards

Préchauffer le four à 350 °F (175 °C).

Dans une grande poêle, faire chauffer le beurre à feu moyen-doux.

Ajouter les oignons et faire revenir jusqu'à ce qu'ils aient ramolli.

Placer un filet de sole dans une grande assiette.

Le couvrir d'épinards cuits et d'oignons. Rouler le filet et le placer dans un plat à cuisson graissé.

Répéter l'opération avec tous les filets de sole.

Dans un bol, mélanger la sauce tomate, la poudre d'ail, le basilic, le sel et le poivre.

Verser la sauce sur les rouleaux.

Cuire environ 25 minutes, ou jusqu'à ce que la chair se défasse facilement.

Servir.

Ingrédients

1 tasse d'oignons finement hachés

1 c. à soupe de beurre

900 g de filets de sole

454 g d'épinards frais cuits et égouttés

1 conserve (440 ml) de sauce tomate

1/2 c. à thé de poudre d'ail

1/4 c. à thé de feuilles de basilic séchées

1/4 c. à thé de sel

1/4 c. à thé de poivre

Mahi-mahi sauce aux fruits

Ingrédients

1/4 tasse de noix de macadam

1/2 tasse de chapelure

1 œuf

175 g de filets de mahi-mahi

1/2 tasse de beurre

1/4 tasse d'échalotes hachées

4 tasse de bouillon de poulet

1/2 tasse d'ananas coupés en morceaux

1/2 tasse de papayes coupées en morceaux

1/2 tasse de mangues coupées en morceaux

1 c. à soupe de noix de coco râpée

2 piments jalapenos épépinés

1/2 c. à thé de sel

1/2 c. à thé se poivre

Sucre au goût

Préchauffer le four à 375 °F (190°C).

Dans un robot culinaire, mettre les noix de macadam et la chapelure, et bien mélanger. Mettre le mélange de noix et de chapelure dans une assiette.

Battre l'œuf dans un bol.

Tremper les filets de poisson dans l'œuf, puis dans le mélange de chapelure.

Dans une grande poêle, faire chauffer le beurre à feu moyen. Ajouter les filets et les faire griller jusqu'à ce qu'ils soient bien dorés.

Les retirer et les mettre sur une tôle à cuisson.

Mettre les échalotes dans la poêle et les faire revenir jusqu'à ce qu'elles soient translucides. Ajouter le bouillon de poulet, les ananas, les papayes, la mangue, la noix de coco et les piments. Assaisonner avec le sel et le poivre et un peu de sucre.

Laisser mijoter jusqu'à ce que la sauce épaississe, soit environ 30 minutes.

Passer au tamis, puis mettre dans une casserole et laisser chauffer à feu doux.

Faire cuire les mahi-mahi au four environ 10 minutes.

Servir nappé de sauce.

Filets de sole lime et coriandre

Ingrédients

4 filets de sole

1 planche de cèdre

1 lime coupée en quartiers

3 gousses d'ail hachées

1/2 tasse de coriandre fraîche hachée

2 c. à soupe de beurre

Sel et poivre

Faire tremper la planche de cèdre dans l'eau environ 2 heures.

Préchauffer le barbecue à feu élevé.

Placer les filets de sole sur la planche de cèdre.

Presser le jus de la moitié des quartiers de lime sur les filets de sole, puis assaisonner de sel et de poivre.

Placer la planche de cèdre sur le gril, fermer le couvercle et laisser griller jusqu'à ce que la chair ne soit plus translucide.

Retirer la planche du gril et laisser reposer.

Dans une poêle, faire fondre le beurre.

Ajouter le jus du reste des quartiers de lime, l'ail, la coriandre, le sel et le poivre. Verser la sauce sur les filets de sole et servir.

Filets de sole lime et coriandre

Flétan au four

Préchauffer le four à 400 °F (200 °C).

Graisser 4 morceaux de papier d'aluminium d'huile d'olive.

Assaisonner les filets de sel et de poivre et les placer chacun sur un morceau de papier d'aluminium.

Dans un petit bol, mélanger les tomates, les olives, l'ail et le persil.

Verser le mélange de tomates également sur chaque filet.

Refermer le papier d'aluminium et cuire au four 10 minutes.

Servir.

Ingrédients

4 filets de flétan

3 c. à soupe d'huile d'olive

2 tomates pelées et hachées

4 c. à soupe d'olives hachées

2 gousses d'ail hachées

3 c. à soupe de persil frais haché

Sel et poivre

Mahi-mahi au rhum et à la lime

Mettre les filets dans un plat en vitre allant au four.

Verser le rhum et le jus de lime sur les filets, et placer quelques rondelles d'oignon sur chacun d'eux.

Couvrir et réfrigérer 3 heures.

Préchauffer le four à 350 °F (175 °C)..

Sortir les filets du réfrigérateur et retirer le 3/4 du liquide. Garder les tranches d'oignon et ajouter une tranche de citron sur chaque filet.

Assaisonner d'origan et de poivre.

Mettre une noisette de beurre sur chaque filet.

Couvrir et cuire au four environ 30 minutes ou jusqu'à ce que la chair se défasse facilement.

Servir.

Ingrédients

900 g de filets de mahi-mahi

1/2 tasse de rhum brun

1/2 tasse de jus de lime

2 oignons coupés en rondelles

1 citron coupé en rondelles

2 c. à thé d'origan séché

4 c. à soupe de beurre

1/4 c. à thé de poivre

Mahi-mahi au rhum et à la lime

Mahi-mahi au sésame et au gingembre

Mahi-mahi au sésame et au gingembre

Dans une grande casserole, faire chauffer les échalotes, le gingembre, le jus de citron et le vin.

Laisser mijoter jusqu'à ce que le liquide ait réduit.

Ajouter la crème et porter à ébullition.

Laisser bouillir jusqu'à ce que la crème ait réduit de moitié.

Ajouter la sauce soja et retirer du feu.

Verser le mélange dans le mélangeur. Bien mélanger en ajoutant le beurre graduellement, cube par cube.

Couper le shiso grossièrement et ajouter au mélange.

Mélanger encore jusqu'à obtenir un mélange homogène.

Saler et poivrer.

Transférer le mélange dans la casserole et garder chaud à feu doux.

Préchauffer le four à 425 °F (220 °C)..

Dans un grand poêlon, faire chauffer l'huile.

Assaisonner les filets de sel et de poivre.

Mélanger les graines de sésame et les étendre dans une assiette.

Tremper le dessus des filets dans les graines de sésame et appuyer pour qu'elles restent bien dans la chair.

Mettre les filets dans la poêle, le côté avec les graines de sésame dans l'huile.

Faire griller les filets 45 secondes de chaque côté.

Mettre les filets sur une tôle à cuisson et cuire au four 6 minutes.

Servir les filets nappés de sauce.

Ingrédients

3 échalotes hachées

2 c. à thé de gingembre frais haché

Le jus de 1 citron

1/2 tasse de vin blanc sec

1/2 tasse de crème 15 %

1/2 tasse de beurre coupé en petits cubes

3 c. à soupe de sauce soja

4 feuilles de shiso

1/2 c. à thé de gros sel

1/4 c. à thé de poivre blanc

2 c. à soupe d'huile de canola

6 filets de mahi-mahi

4 c. à soupe de graines de sésame

4 c. à soupe de graines de sésame noires

Thon grillé mariné au miel et à la moutarde

Sébastes farcis aux amandes

Préchauffer le four à 400 °F (200 °C)..

Dans un poêlon, faire chauffer 2 c. à soupe de beurre.

Ajouter les oignons et faire revenir jusqu'à ce qu'ils aient ramolli.

Ajouter la chapelure, le céleri, les oignons verts, les amandes, les œufs, le persil et l'estragon et bien mélanger.

Remplir le poisson avec le mélange et refermer.

Faire fondre 8 c. à soupe de beurre, en verser un peu dans un plat à cuisson. Mettre le poisson dans le plat. Saler et poivrer.

Cuire au four environ 1 heure en badigeonnant régulièrement de beurre.

Servir.

Ingrédients

2,5 kg de sébastes entiers, nettoyés

1/4 tasse d'oignons hachés

2 c. à soupe de beurre

3 tasses de chapelure

1/2 tasse de céleri haché

1/2 tasse d'oignons verts hachés

1/2 tasse d'amandes grillées, hachées

3 œufs battus

2 c. à soupe de persil frais haché

1 c. à soupe d'estragon séché

8 c. à soupe de beurre

Sel et poivre

Thon grillé mariné au miel et à la moutarde

Dans un bol, mélanger la moutarde, le miel, l'huile d'olive, la sauce soja et le vinaigre de vin.

Transférer le mélange dans un grand plat et ajouter les steaks de thon.

Les retourner pour qu'ils soient bien couverts de la marinade.

Couvrir et laisser mariner au réfrigérateur au moins 2 heures.

Badigeonner la grille du barbecue d'huile d'olive. Ouvrir à feu moyen-vif.

Mettre les steaks de thon sur la grille et laisser griller environ 5 minutes de chaque côté, ou jusqu'à ce que les steaks soient bien grillés à l'extérieur et légèrement rosés à l'intérieur.

Servir.

Ingrédients

2 steaks de thon

2 c. à soupe de moutarde de Dijon

1 c. à thé de miel

1 c. à soupe d'huile d'olive

2 c. à soupe de sauce soja

2 c. à soupe de vinaigre de vin

Casserole de thon et d'Orge

Remplir une casserole d'eau, saler légèrement et porter à ébullition.

Ajouter les pâtes et laisser cuire quelques minutes. Égoutter.

Dans un grand poêlon, faire chauffer le beurre à feu moyen.

Ajouter les champignons et les oignons verts. Faire revenir jusqu'à ce que les oignons verts aient ramolli.

Ajouter la farine et bien mélanger jusqu'à ce qu'elle soit complètement imbibée de beurre.

Ajouter le lait graduellement en mélangeant constamment.

Continuer à mélanger jusqu'à ce que la texture épaississe.

Ajouter le thon, les pois, le sel et le poivre.

Mélanger la sauce et les pâtes, puis transférer dans un plat allant au four.

Ajouter le parmesan et cuire au four 25 minutes à 350 °F (175 °C).

Servir.

Ingrédients

1 tasse d'Orzo

3 c. à soupe de beurre

1 tasse de champignons tranchés

4 oignons verts finement tranchés

3 c. à soupe de farine

1 1/2 tasse de lait

1 conserve de thon pâle en morceaux dans l'eau, égouttée

1 1/2 tasse de pois verts congelés, cuits et égouttés

1/2 tasse de parmesan râpé

1/2 c. à thé de sel

Pommes de terre au thon

Dans un poêlon, faire fondre le beurre à feu moyen-vif.

Ajouter la farine, le sel, le poivre et la moutarde et bien mélanger.

Ajouter le lait graduellement en mélangeant constamment.

Mettre les pommes de terre, le thon et les oignons dans un plat graissé allant au four.

Ajouter la sauce par-dessus.

Cuire au four 60 minutes à 350 °F (175 °C).

Ingrédients

5 pommes de terre cuites et coupées en rondelles

3 c. à soupe de beurre

1/4 tasse de farine

1 c. à thé de sel

1/8 c. à thé de poivre

1 1/2 c. à soupe de moutarde préparée

2 tasses de lait

1 conserve de thon égouttée

1 tasse d'oignons hachés

Pommes de terre au thon

Truites farcies

Steaks de thon aux olives

Badigeonner la grille du barbecue d'huile d'olive.
Faire griller les steaks de thon environ 5 minutes de chaque côté, ou jusqu'à ce qu'ils soient bien grillés à l'extérieur et rosés à l'intérieur. Les badigeonner de tapenade avant de les retourner.
Badigeonner le deuxième côté de tapenade et servir.

Ingrédients

2 steaks de thon

Sel et poivre

4 c. à soupe de tapenade d'olive

Huile d'olive

Truites farcies

Préchauffer le four à 425 °F (220 °C).
Dans un poêlon, faire chauffer le beurre à feu moyen-vif.
Ajouter l'oignon et le céleri et faire revenir jusqu'à ce que l'oignon ramollisse, soit environ 5 minutes. Retirer du feu.
Ajouter les morceaux de pain, le thym, le sel et le poivre. Bien mélanger.
Assaisonner les cavités des truites de sel et de poivre, et remplir également du mélange de pain.
Tenir fermé à l'aide de cure-dents.
Enrouler 2 tranches de bacon autour de chaque truite et mettre sur une tôle à cuisson.
Cuire au four 4 minutes, ou jusqu'à ce que la chair se défasse facilement.
Garnir de persil et servir.

Ingrédients

2 c. à soupe de beurre

1 oignon haché

1 branche de céleri hachée

1 tasse de morceaux de pain

1 c. à soupe de thym frais haché

Sel et poivre

4 truites préparées

8 tranches de bacon

Quelques bouquets de persil pour la décoration

Sardines grillées

Laver les sardines et les tremper dans l'eau froide 10 minutes.

Dans un plat creux, mélanger la moitié du basilic, 1/2 c. à soupe de graines de pavot, les échalotes, l'huile d'olive, l'ail, le jus de citron, le jus de lime, les zestes, la cassonade et le vinaigre balsamique.

Ajouter les sardines et bien les tremper dans le mélange.

Réfrigérer 2 heures.

Retirer les sardines du plat, les mettre sur une tôle à cuisson et faire griller 15 minutes à 350 °F (175 °C) en les retournant régulièrement.

Parsemer du reste de basilic et de pavot et servir.

Ingrédients

600 g de sardines fraîches
nettoyées et sans tête

1 échalote finement hachée

1 c. à thé d'huile d'olive

2 gousses d'ail pressées

Le jus et le zeste de 1/2 citron

Le jus et le zeste de 1/2 lime

1 bouquet de basilic frais haché

1 c. à soupe de cassonade

1 c. à thé de vinaigre balsamique

1 c. à soupe de graines de pavot

Tartinade de sardines

Égoutter les sardines et les piler.

Dans une casserole, faire fondre légèrement le fromage. Retirer du feu.

Ajouter le raifort, le Tabasco, le jus de citron, les oignons, le persil et les sardines. Défaire les sardines à l'aide d'une fourchette puis bien mélanger.

Mettre dans un bol à trempette et servir avec des craquelins ou des légumes crus.

Ingrédients

2 conserves (115 g) de sardines

500 g de fromage
à la crème ramolli

1 c. à soupe de raifort

2 gouttes de Tabasco

3 c. à soupe de jus de citron

2 c. à soupe d'oignon râpé

2 c. à soupe de persil frais haché

Tartinade de sardines

Sardines frites

Penne sauce aux sardines

Tremper les raisins de Corinthe dans un bol d'eau chaude.

Couper les sardines en morceaux.

Faire chauffer l'huile d'olive dans un grand poêlon à feu moyen.

Ajouter l'oignon et l'ail et faire revenir jusqu'à ce qu'ils ramollissent.

Ajouter le fenouil, les noix de pin, les sardines et les raisins de Corinthe.

Réduire à feu doux et laisser mijoter 5 minutes.

Dans une casserole, faire bouillir de l'eau légèrement salée.

Ajouter les penne et cuire 10 minutes,

ou jusqu'à ce qu'ils soient al dente.

Égoutter, transférer dans des bols, napper de sauce et servir.

Ingrédients

320 g de penne

2 conserves (115 g) de sardines

1 oignon

1 branche de fenouil
finement hachée

1 gousse d'ail

40 g de noix de pin

50 g de raisins de Corinthe

4 c. à soupe d'huile d'olive

Sel et poivre

Sardines frites

Saupoudrer les sardines de farine

Dans un bol, fouetter l'œuf et le lait.

Tremper les sardines dans le mélange, puis les rouler dans la chapelure.

Mettre les sardines dans la friteuse et les laisser frire quelques minutes, ou
jusqu'à ce qu'elles soient bien dorées.

Les mettre dans un bol couvert d'essuie-tout pour absorber le gras.

Assaisonner de sel et servir.

Ingrédients

400 g de sardines fraîches

1/4 tasse de farine

1 œuf

1 c. à soupe de lait

1/2 t asse de chapelure

De l'huile pour la friteuse

Gros sel

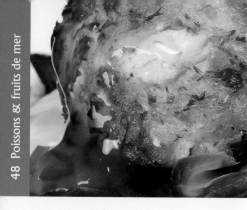

Ingrédients

680 g de poisson
(morue, églefin ou saumon)

2 c. à soupe de sel

115 g de beurre

2 c. à soupe de farine

1/4 c. à thé de poivre

Lait au besoin

454 g de petites pommes de terre
rouges, cuites et coupées en dés

1 1/2 tasse de brocoli frais

1/2 tasse de céleri tranché

1/4 tasse d'oignon rouge tranché

1/4 tasse de radis tranchés

2 c. à soupe de poivron vert tranché

1/3 tasse de vinaigrette à l'italienne

Assaisonnement au goût

Poisson haché et salade de pommes de terre aux légumes

Retirer la peau et les os du poisson si nécessaire.

Préchauffer le four à 350 °F (175 °C).

À l'aide d'une cuillère ou d'un mélangeur électrique,
émincer le poisson jusqu'à l'obtention d'une texture fine et lisse.

Ajouter le sel tout en continuant d'émincer le poisson.

Dans un autre bol, mélanger le beurre, la farine et le poivre,
puis ajouter le tout au poisson.

Ajouter au mélange 1 c. à thé de lait.

Continuer d'ajouter du lait jusqu'à ce que la texture devienne lisse
et malléable.

Mettre le tout dans un plat graissé allant au four.

Faire cuire au four pendant environ 1 heure.

Dans un grand bol à salade, mélanger les pommes de terre
aux légumes.

Dans un petit bol, mélanger la vinaigrette aux assaisonnements choisis,
puis verser sur la salade.

Sortir le poisson du four et servir avec la salade de pommes de terre.

Poisson haché et salade de pommes
de terre aux légumes

Mérou a la Margarita

Mérou à la Margarita

Dans un bol, mélanger tous les ingrédients de la marinade.
Mettre les filets de mérou dans un plat hermétique, verser la marinade
sur le poisson, refermer et laisser reposer 30 minutes.
Entre-temps, dans un bol, mélanger tous les
ingrédients de la salsa et réfrigérer.
Enlever l'excédent de marinade des filets de poisson
et cuire sur le gril huilé et préchauffé à feu moyen-vif.
Faire bouillir environ 5 minutes le restant de la marinade et réserver.
Servir le poisson sur un nid de salsa et
un peu de la marinade réchauffée.

Ingrédients

4 filets de mérou
(200 g max. chacun)

Marinade :

100 ml de tequila

125 ml de liqueur d'orange

Le jus de 8 limes

1 c. à thé de sel

3 gousses d'ail
hachées finement

4 c. à soupe d'huile d'olive

Salsa :

5 tomates italiennes
coupées en dés

1 oignon haché

1 petit piment jalapeño
haché finement

5 c. à soupe de coriandre fraîche,
hachée finement

Une pincée de sucre

1 1/2 c. à soupe d'huile d'olive

Sel et poivre

Ragoût de poisson et de fruits de mer

Poisson blanc enrobé de bacon

Dans un bol, mélanger tous les ingrédients de la marinade.
Mettre les filets de poisson dans une assiette
et les badigeonner abondamment de la marinade.
Enrouler chacun des filets de poisson avec deux tranches de bacon.
Cuire sur le gril préchauffé à température moyenne
jusqu'à ce que le bacon soit croustillant.
Pendant la cuisson, badigeonner avec le reste de la marinade.
Servir.

Ingrédients

4 filets de poisson blanc
(200 g chacun)
8 tranches de bacon fumé

Marinade :

Les feuilles de 2 brins de romarins
hachés finement
Le zeste de 2 citrons
Le jus de 2 citrons
Poivre du moulin
Huile d'olive

Ragoût de poisson et de fruits de mer

Couper les filets de poisson en petites bouchées.
Enlever toute la chair du crabe. Bien nettoyer les moules (ou palourdes).
Mettre tous les fruits de mer de côté et commencer à chauffer l'huile
d'olive dans un grand chaudron à feu moyen.
Faire sauter les oignons 3-4 minutes ou jusqu'à ce qu'ils
deviennent transparents.
Ajouter l'ail et faire sauter durant une minute.
Ajouter les tomates et le vin et laisser mijoter en mélangeant jusqu'à ce
que le liquide soit réduit de moitié.
Ajouter le jus de palourdes, le persil, le basilic, le sel et le poivre.
Faire bouillir un peu, puis baisser à feu moyen et
laisser mijoter de 15 à 20 minutes.
Ajouter le poisson et les crevettes et laisser mijoter 3-4 minutes.
Ajouter la chair de crabe et les moules (ou palourdes).
Couvrir le chaudron et laisser mijoter 3-4 minutes,
ou jusqu'à ce que les moules soient ouvertes et bien cuites.
Servir dans de grands bols et garnir d'un peu de persil haché
et accompagner de pain au levain.

Ingrédients

900 g de filets de poisson
à chair blanche
900 g de crabe cuit
680 g de palourdes ou de moules
454 g de crevettes
1/4 tasse d'huile d'olive
2 oignons hachés
3 ou 4 gousses d'ail émincées
1 boîte de tomates écrasées
1 tasse de vin rouge ou blanc
3 tasse de jus de palourdes
1/4 tasse de persil haché
2 c. à soupe de basilic haché
Sel et poivre

Linguines aux crevettes

Remplir une grande casserole d'eau, ajouter du sel et porter à ébullition.

Ajouter les pâtes et laisser bouillir environ 10 minutes, ou jusqu'à ce qu'elles soient al dente. Égoutter et réserver.

Dans une grande poêle de style wok, faire chauffer l'huile d'olive à feu moyen.

Ajouter le vin, l'ail, le persil, le sel et le poivre. Réduire à feu doux et laisser mijoter environ 5 minutes en mélangeant fréquemment.

Monter le feu à moyen-vif et ajouter les crevettes. Faire revenir environ 5 minutes, ou jusqu'à ce que les crevettes aient atteint une teinte rosée.

Fermer le feu, ajouter les pâtes et le parmesan, et bien mélanger.

Mettre dans des bols, saupoudrer de persil et servir.

Ingrédients

500 g de linguine

1 kg de crevettes décortiquées

1 c. à soupe d'huile d'olive

3 c. à soupe de vin blanc

2 c. à soupe de parmesan râpé

3 gousses d'ail pelées et hachées

1 1/2 c. à soupe de persil frais haché

1/4 c. à thé de sel

1/4 c. à thé de poivre

Crevettes au citron

Préchauffer le four à 350 °F (175 °C).

Cuire les nouilles selon les directives de l'emballage.

Égoutter, puis dans un grand bol, mélanger les nouilles avec le beurre jusqu'à ce qu'elles soient bien enduites du beurre fondu.

Ajouter le reste des ingrédients.

Transférer le tout dans un plat allant au four et cuire de 15 à 20 minutes.

Retirer du four et servir.

Ingrédients

1 paquet de nouilles aux œufs

1/2 tasse de beurre ramolli

900 g de crevettes cuites

3 tomates coupées

1 tasse de bouillon de poulet

2 tasses de carottes râpées

1 boîte (115 g) de champignons tranchés, égouttés

2 c. à soupe de jus de citron frais

2 gousses d'ail coupées

1/2 c. à thé de graines de céleri

1/4 c. à thé de poivre noir

Crevettes au citron

Crevettes à l'ail et au chili

Soupe froide crevettes, melon et avocat

Peler les concombres et les couper en deux dans le sens de la longueur.

À l'aide d'une cuillère, retirer les pépins, puis couper en gros morceaux.

Remplir une casserole d'eau salée et porter à ébullition.

Mettre les concombres dans la casserole et les laisser bouillir 2 minutes.

Égoutter puis rincer à l'eau froide. Réserver.

Couper les melons en deux et enlever les pépins à l'aide d'une cuillère.

Enlever la pelure et couper en gros morceaux.

Mettre les morceaux de melons au mélangeur.

Ajouter les concombres, la menthe et le jus de citron.

Bien mélanger jusqu'à obtenir une consistance lisse.

Verser le mélange dans un grand bol.

Verser l'eau dans le mélangeur et bien mélanger.

Verser l'eau dans le bol.

Ajouter les crevettes, le sel et le poivre et bien mélanger.

Couvrir et laisser refroidir quelques heures au réfrigérateur.

Peler l'avocat, le dénoyauter et le couper en morceaux.

Ajouter les morceaux d'avocat à la soupe et servir.

Ingrédients

2 concombres

2 melons miel

2 c. à soupe de menthe
fraîche hachée

3/4 tasse d'eau

250 g de crevettes de Matane

1 avocat

1/4 c. à thé de sel

1/4 c. à thé de poivre

Crevettes à l'ail et au chili

Dans un mélangeur, mettre le zeste et le jus d'orange et de lime, les flocons de chili, l'huile d'olive, l'ail et le sel. Bien mélanger.

Mettre les crevettes dans un bol et verser la marinade dessus.

Couvrir et laisser mariner 30 minutes à température ambiante.

Dans une poêle, faire revenir les crevettes marinées à feu moyen environ 10 minutes, ou jusqu'à ce qu'elles soient rosées.

Ajouter le reste de la marinade, bien mélanger et servir.

Ingrédients

15 crevettes décortiquées

3/4 c. à soupe de flocons de chili

Le jus et le zeste de 3 limes

Le jus et le zeste de 3 oranges

2 c. à soupe d'huile d'olive

2 gousses d'ail hachées

1/4 c. à thé de sel

Ingrédients

1 c. à soupe de beurre

1/4 tasse d'oignons verts

1 gousse d'ail hachée

1/2 oignon haché

1/4 tasse de tomates en dés

1/4 tasse de maïs en conserve

1/4 tasse de haricots verts
coupés en morceaux

1 1/2 tasse de jus de légumes

1 tasse d'eau

1/4 tasse de riz à grains longs (pas cuits)

1/2 c. à thé de gros sel

1/4 c. à thé de thym séché

1 feuille de laurier

3/4 tasse de crevettes en conserve

Soupe à la créole

Dans une casserole, faire chauffer le beurre.

Ajouter l'oignon, les oignons verts, les haricots verts et l'ail, et les faire
sauter environ 2 minutes, ou jusqu'à ce que l'oignon ramollisse.

Ajouter le jus de légumes, l'eau, le riz, les morceaux de tomates,
le maïs, le sel, le thym et la feuille de laurier.

Porter à ébullition.

Réduire à feu doux. Laisser mijoter 25 minutes.

Ajouter les crevettes. Faire bouillir environ 7 minutes ou jusqu'à ce
qu'elles soient cuites. Retirer la feuille de laurier.

Servir.

Ingrédients

3 1/2 tasses d'eau

1 paquet de nouilles Ramen
à l'orientale

1 tasse de crevettes congelées
précuites

1/2 tasse d'oignons verts

1/2 tasse de fèves germées

1 carotte coupée en fines lanières

2 c. à soupe de sauce soja

Soupe aux nouilles
et crevettes à l'orientale

Faire bouillir l'eau dans une grande casserole.

Ajouter les nouilles et les laisser cuire 3 minutes.

Ajouter les crevettes, les oignons verts, les fèves germées,
la carotte, la sauce soja et l'assaisonnement des nouilles Ramen.

Laisser chauffer 5 minutes.

Servir.

Soupe aux nouilles et crevettes à l'orientale

Salade de crabe et de céleri

Crevettes grillées enrobées de prosciutto

Dans un grand bol, mélanger l'huile, l'ail, l'aneth et l'estragon.

Incorporer les crevettes et mélanger pour que les crevettes soient bien enrobées du mélange.

Couper les tranches de prosciutto en trois sur le sens de la longueur.

Enrouler chaque crevette d'un ruban de prosciutto.

Cuire sur le gril à feu moyen-vif environ 7 minutes.

Retourner une fois à mi-cuisson.

Servir en entrée.

Ingrédients

24 grosses crevettes décortiquées et déveinées

2 c. à soupe d'huile d'olive

4 gousses d'ail hachées finement

1 c. à thé de graine d'aneth

1 c. à thé d'estragon séché

8 tranches de prosciutto

Salade de crabe et de céleri

Dans un grand bol, mettre les morceaux de céleri et le jus de citron. Bien mélanger.

Ajouter la chair de crabe et bien mélanger.

Dans un petit bol, mélanger le vinaigre, le miel, la moutarde, le persil, le sel et le poivre.

Verser la vinaigrette dans le mélange de crabe et mélanger.

Servir sur des craquelins.

Ingrédients

10 branches de céleri lavées et coupées en petits morceaux

Le jus de 1 citron

200 g de chair de crabe en conserve

3 c. à soupe de vinaigre de cidre

1 c. à soupe de miel

4 c. à thé de moutarde de Dijon

3 c. à soupe de persil frais haché

1/4 c. à thé de sel

1/4 c. à thé de poivre

Ingrédients

2 c. à soupe d'échalotes hachées

3 c. à soupe de beurre

3 c. à soupe de farine

1 tasse de lait

1/2 c. à thé de sel

1/4 c. à thé de poivre blanc moulu

4 jaunes d'œuf

1/2 tasse de fromage suisse râpé

3/4 tasse de chair de crabe

5 blancs d'œuf

1/8 c. à thé de sel

1 pincée de crème de tartre

Parmesan râpé

Soufflé au crabe

Préchauffer le four à 400 °F (200 °C).

Graisser un plat à soufflé et couvrir le fond de parmesan râpé.

Dans une poêle, faire chauffer le beurre à feu moyen.

Ajouter les échalotes et faire revenir jusqu'à ce qu'elles ramollissent.

Ajouter la farine, le sel et le poivre, et faire revenir 2 minutes. Retirer du feu.

Ajouter peu à peu le lait en mélangeant constamment. Remettre sur le feu et mélanger jusqu'à obtenir une texture épaisse et lisse. Retirer du feu et laisser tiédir.

Ajouter les jaunes d'œuf un à la fois en fouettant constamment.

Ajouter le fromage suisse et remettre sur le feu. Ajouter la chair de crabe, bien mélanger et retirer du feu.

Dans un bol, fouetter les blancs d'œufs jusqu'à ce qu'ils deviennent mousseux. Ajouter le 1/8 de c. à thé de sel et la crème de tartre.

Fouetter à nouveau. Incorporer délicatement à la base du soufflé.

Verser le mélange dans le plat à soufflé et mettre le parmesan râpé par-dessus.

Placer sur la grille centrale du four et réduire la température à 375 °F (190 °C).

Cuire 30 minutes et servir.

Ingrédients

3 c. à soupe de crème sure

5 c. à soupe de parmesan râpé

1 c. à soupe de jus de citron

1 c. à soupe d'aneth frais, haché

1/2 c. à soupe de raifort râpé

2 oignons verts hachés

1 tasse de chair de crabe

Sel et poivre

Trempette de crabe chaude

Fouetter la crème sure et le parmesan jusqu'à l'obtention d'un mélange homogène.

Ajouter le jus de citron, l'aneth, le raifort, les oignons verts, le sel et le poivre. Bien mélanger.

Ajouter la chair de crabe et bien mélanger.

Transférer le mélange dans un plat allant au four.

Cuire à 375 °F (190 °C) environ 15 minutes.

Servir avec des craquelins ou des légumes crus.

Trempette de crabe chaude

Ingrédients

1/3 tasse d'oignons verts hachés

1/2 tasse de champignons tranchés

1/2 c. à thé de thym séché

1 c. à soupe de beurre

1 1/2 c. à thé de farine

1/4 tasse et 2 c. à soupe de lait

2 c. à soupe de vin blanc sec

225 g de chair de crabe en morceaux

1 c. à soupe de persil frais haché

1 1/2 c. à thé de jus de citron

1/8 c. à thé de moutarde sèche

1/8 c. à thé de sel

1 pincée de piment en poudre

Crêpes :

3/4 tasse de farine

1/8 c. à thé de sel

2 œufs battus

1 tasse de lait

1 c. à soupe de beurre

Huile d'olive

Crêpes au crabe

Crêpes :

Dans un bol, mélanger la farine et le sel.

Ajouter graduellement les œufs battus, le lait, le beurre, en fouettant jusqu'à l'obtention d'une texture lisse.

Réfrigérer la pâte à crêpe environ 2 heures.

Couvrir une grande poêle d'huile d'olive. Faire chauffer à feu moyen jusqu'à ce que l'huile soit chaude.

Mettre 3 c. à soupe du mélange dans la poêle. Bouger la poêle pour que le mélange soit réparti également.

Laisser cuire 1 minute, puis retourner la crêpe. Laisser cuire 30 secondes, puis mettre la crêpe dans une assiette. Recommencer jusqu'à ce qu'il ne reste plus de pâte.

Dans une grande poêle, faire chauffer le beurre à feu moyen-vif.

Ajouter les oignons verts, les champignons et le thym.

Faire revenir jusqu'à ce que les champignons ramollissent.

Réduire à feu doux et ajouter la farine. Laisser chauffer 1 minute en mélangeant constamment.

Ajouter graduellement le lait et le vin. Augmenter à feu moyen et mélanger constamment jusqu'à ce que la sauce épaississe.

Retirer du feu.

Ajouter la chair de crabe, le persil, le jus de citron, la moutarde, le sel et le piment.

Mettre 1 1/2 c. à soupe du mélange de chair de crabe au centre de chaque crêpe, puis rouler. Placer les crêpes sur une tôle à cuisson graissée.

Couvrir de papier d'aluminium et cuire 25 minutes à 350 °F (175 °C).

Mettre le four à broil et faire griller 1 minute, jusqu'à ce que les crêpes aient une teinte dorée.

Servir.

Crêpes au crabe

Pommes de terre farcies au crabe

Soupe de crabe

Dans une casserole, faire fondre le beurre à feu moyen-vif.
Ajouter le céleri, les poivrons verts et les oignons verts,
et faire revenir quelques minutes.
Ajouter la crème de pommes de terre, le maïs, le lait, la crème, les feuilles
de laurier, le thym, la poudre d'ail et le poivre. Laisser mijoter quelques
minutes, jusqu'à ce que le mélange soit chaud.
Ajouter la chair de crabe et un peu de sel. Retirer les feuilles de laurier.
Garnir de persil et de tranches de citron et servir.

Ingrédients

454 g de crabe

1/2 tasse de céleri haché

1/2 tasse d'oignons verts hachés

1/4 tasse de poivrons verts hachés

1/2 tasse de beurre

2 conserves de crème
de pommes de terre

1 conserve de maïs en crème

1 1/2 tasse de crème 10 %

1 1/2 tasse de lait

2 feuilles de laurier

1 c. à thé de thym séché

1/2 c. à thé de poudre d'ail

1 /4 c. à thé de poivre blanc moulu

Sel

Quelques branches
de persils hachés

Quelques tranches de citron

Pommes de terre
farcies au crabe

Envelopper les pommes de terre de papier d'aluminium et les cuire au
four jusqu'à ce qu'elles se défassent facilement.
Les couper en deux dans le sens de la longueur
et les vider à l'aide d'une cuillère.
Dans le mélangeur, mettre l'intérieur des pommes de terre, le beurre,
la crème, le sel, l'oignon, le cheddar et un peu de paprika.
Bien mélanger jusqu'à obtenir une texture lisse.
Mettre le mélange dans un bol, ajouter la chair de crabe
et bien mélanger.
Remplir les pelures de pomme de terre du mélange.
Cuire 15 minutes au four à 400 °F (200 °C).
Servir.

Ingrédients

4 pommes de terre moyennes

3/4 tasse de chair de crabe

1/2 tasse de beurre ramolli

1/2 tasse de crème 10 %

1 c. à thé de sel

4 c. à soupe d'oignon râpé

1 tasse de cheddar fort râpé

Paprika

Ingrédients

2 avocats

225 g de chair de crabe

1/4 tasse de céleri haché

Mayonnaise

Jus de citron

Sel et poivre

Laitue défaite en morceaux

4 œufs durs coupés en morceaux

4 filets d'anchois

1 citron coupé en quatre

1 tomate coupée en quatre

Quelques olives noires

1 bouquet de persil

Mayonnaise aux herbes :

1 tasse de mayonnaise

1/2 c. à thé d'estragon

1/4 c. à thé de cerfeuil

2 c. à soupe de ciboulette hachée

2 c. à soupe de purée de tomates

Avocats farcis au crabe

Dans un bol, mélanger la tasse de mayonnaise, l'estragon,
le cerfeuil et la ciboulette. Bien mélanger.

Ajouter la purée de tomate et bien mélanger. Réserver.

Couper les avocats en deux et retirer les noyaux.

Défaire la chair de crabe et la mélanger avec le céleri et un peu
de mayonnaise.

Assaisonner de jus de citron, de sel et de poivre.

Placer les moitiés d'avocat sur les feuilles de laitues, les remplir du mélange
de chair de crabe, ajouter les morceaux d'œufs durs sur le dessus.

Garnir avec les anchois, les citrons, les morceaux de tomates,
les olives et le persil.

Servir avec la vinaigrette à part.

Avocats farcis au crabe

Homards farcis

Gratin de homard

Dans une grande poêle, faire fondre le beurre à feu moyen-vif.

Ajouter la chair de homard et faire revenir 3 minutes.

Ajouter les champignons et faire revenir 2 minutes.

Ajouter le vin, réduire à feu doux et laisser mijoter 5 minutes.

Dans un bol, mélanger la farine, le sel, le poivre et la crème.

Verser le mélange dans la poêle.

Augmenter à feu moyen-vif et porter à ébullition
en mélangeant constamment.

Verser le mélange dans un plat allant au four,
ajouter le gruyère et cuire 10 minutes à 400 °F (200 °C).

Ingrédients

La chair de 2 homards
ou 454 g de chair de homard

4 c. à soupe de beurre

1 tasse de champignons tranchés

1/2 tasse de vin blanc

2 c. à soupe de farine

1 c. à thé de sel

1/8 c. à thé de poivre blanc moulu

1 tasse de crème 15 %

1/2 tasse de gruyère râpé

Homards farcis

Remplir une grande casserole d'eau et porter à ébullition.

Y mettre les homards et laisser bouillir 8 minutes.

Retirer les homards de l'eau et laisser refroidir.

Préchauffer le four à 400 °F (200 °C).

Dans un bol, mélanger la chapelure, le beurre,
le sel, le poivre et l'estragon.

Lorsque les homards sont assez tièdes, les couper en deux dans le sens
de la longueur à l'aide d'un gros couteau.

Retirer la chair et la mélanger avec le mélange de chapelure.

Mettre le mélange à l'intérieur du homard et
verser un peu d'huile d'olive sur le dessus.

Mettre les homards sur une tôle à cuisson et
laisser cuire au four environ 20 minutes.

Servir.

Ingrédients

2 homards frais

50 g de chapelure

3/4 tasse de beurre ramolli

1 c. à thé de sel

1/2 c. à thé de poivre

1 c. à thé d'estragon séché

2 c. à thé d'huile d'olive

Homards grillés à l'origan

Couper les homards en deux dans le sens de la longueur
et les passer sous l'eau.

Assaisonner de sel et de poivre.

Mélanger le beurre et l'origan.

Placer les homards sur la grille du barbecue, la chair vers le bas
et griller à feu moyen.

Lorsque la chair est presque grillée, retourner les homards
et badigeonner du mélange beurre-origan.

Griller jusqu'à ce que le beurre ait bien pénétré la chair.

Servir.

2 homards

2 c. à soupe de beurre ramolli

1 c. à soupe d'origan

Sel et poivre

Ingrédients

1 kg de calmars, nettoyés et coupés
en morceaux plats

1/2 tasse de lait évaporé

1 œuf battu

1 c. à thé de sel

1/8 c. à thé de poivre

1 tasse de chapelure

De l'huile pour la friteuse

1 citron coupé en tranches

Calmars frits

Dans un bol, mélanger le lait, les œufs, le sel et le poivre.

Tremper les calmars dans le mélange, puis les rouler dans la chapelure.

Les mettre dans la friteuse.

Laisser frire jusqu'à ce qu'ils deviennent dorés et retirer.

Placer dans un bol couvert d'essuie-tout pour absorber le gras.

Servir avec des tranches de citron.

Calmars frits

Palourdes aux artichauts

Salade de calmars grillés

Laisser mariner les calmars dans la sauce soja environ 1 heure.

Mettre les calmars sur des brochettes.

Les piquer plusieurs fois pour qu'ils restent bien à plat sur la grille.

Allumer le barbecue à feu vif.

Griller les calmars 1 minute de chaque côté afin

qu'ils soient légèrement dorés.

Les retirer des brochettes et les couper en morceaux.

Ajouter le jus de citron et l'huile d'olive à la salade.

Poser les morceaux de calmars sur le dessus,

arroser d'un filet d'huile de sésame et servir.

Ingrédients

500 g de calmars entiers, nettoyés

1/4 tasse de sauce soja

7 tasses de salade mesclun

Le jus d'un gros citron

1 1/2 tasse d'huile d'olive

1 c. à thé d'huile de sésame

Palourdes aux artichauts

Égoutter les cœurs d'artichauts.

Faire chauffer l'huile d'olive dans un poêlon à feu moyen.

Ajouter l'ail et faire brunir durant quelques minutes.

Ajouter la farine, le vin blanc et le bouillon, puis bien mélanger.

Ajouter les palourdes et cuire jusqu'à ce quelle s'ouvrent.

Ajouter les cœurs d'artichauts et cuire quelques minutes.

Servir.

Ingrédients

20 cœurs d'artichauts en conserve

2 gousses d'ail émincées

2 c. à soupe d'huile d'olive

1 tasse de bouillon de légumes
ou de poisson

1 c. à soupe de farine

2 c. à soupe de vin blanc sec

24 palourdes lavées

Pétoncles au prosciutto au barbecue

Ingrédients

1 kg de gros pétoncles

225 g de prosciutto tranché mince

1/2 tasse d'huile d'olive

Quelques cure-dents

Préchauffer le barbecue à feu moyen-vif.

Envelopper chaque pétoncle d'une tranche de prosciutto

et faire tenir à l'aide d'un cure-dent.

Badigeonner la grille du barbecue d'huile d'olive.

Placer les pétoncles sur la grille et les badigeonner d'huile d'olive.

Laisser les pétoncles griller environ 5 minutes, puis les retourner.

Badigeonner l'autre côté d'huile d'olive et laisser griller un autre 5 minutes,

ou jusqu'à ce qu'ils aient perdu leur transparence.

Mettre dans un plat à service et servir.

Ingrédients

900 g de pétoncles

1/2 tasse de champignons hachés

4 branches de persil hachées

1/2 tasse de chapelure

1 c. à thé de sel

1/4 c. à thé de poivre

1/4 tasse de beurre fondu

1 c. à soupe de vin blanc

Pétoncles au four

Préchauffer le four à 350 °F (175 °C).

Dans un bol, mélanger les champignons, le persil, la chapelure,

le sel et le poivre.

Étendre les pétoncles sur une tôle à cuisson.

Dans un deuxième bol, mélanger le beurre et le vin.

Badigeonner les pétoncles du mélange beurre-vin.

Saupoudrer du mélange de chapelure.

Cuire au four entre 15 et 20 minutes.

Servir.

Pétoncles au four

Ragoût de pétoncles

Pétoncles à la portugaise

Saupoudrer les pétoncles de sel et de poivre.

Dans un grand poêlon, faire chauffer 1 1/2 c. à soupe d'huile
d'olive à feu moyen-vif.

Ajouter la moitié des pétoncles et faire revenir 2 minutes de chaque côté.

Retirer les pétoncles et les réserver (garder chauds).

Recommencer avec l'autre moitié des pétoncles.

Réserver avec les premiers pétoncles.

Remettre le poêlon sur le feu, ajouter le porto et le jus de citron.
Dégraisser.

Ajouter les pétoncles, 3 c. à soupe de persil et l'ail,
et faire revenir 45 secondes à feu élevé.

Servir sur du riz et garnir de persil.

Ingrédients

500 g de pétoncles

1/2 c. à thé de sel

1/4 c. à thé de poivre noir

1 c. à soupe d'huile d'olive

1/3 tasse de porto

2 c. à soupe de jus de citron

1/4 tasse de persil frais haché

5 gousses d'ail hachées

Ragoût de pétoncles

Dans une casserole, mettre le lait, la crème, les feuilles de laurier,
les oignons et les feuilles de céleri. Couvrir et laisser chauffer à feu
moyen-vif environ 5 minutes.

Passer le mélange au tamis.

Remettre le mélange liquide dans la casserole,
ajouter les morceaux de céleri et le beurre et porter à ébullition.

Réduire à feu moyen-doux et laisser mijoter 5 minutes.

Ajouter les pétoncles, les herbes, le sel et le poivre.

Laisser mijoter une dizaine de minutes.

Verser le mélange dans des bols, ajouter la ciboulette
et quelques craquelins émiettés et servir.

Ingrédients

454 g de pétoncles

2 tasses de lait

1 tasse de crème 10 %

2 feuilles de laurier

3 petits oignons hachés

3 branches de persil frais

2 c. à soupe de feuilles de céleri
finement hachées

3 c. à soupe de céleri haché

3 c. à soupe de beurre

2 c. à thé d'estragon frais haché

1 c. à t. de sarriette fraîche, hachée

4 c. à thé de ciboulette fraîche

1/4 c. à thé de sel

1/4 c. à thé de poivre

Craquelins au goût

Bruschetta de pétoncle

Dans un bol, mélanger 2 c. à soupe d'huile et 2 c. à soupe de jus de lime. Incorporer les pétoncles et remuer pour qu'ils soient bien enrobés du mélange. Laisser reposer 10 minutes. (Si vous attendez trop longtemps, le jus de lime cuira les pétoncles.)

Retirer de la marinade et cuire 4 minutes sur le gril huilé, préchauffé à température moyenne-élevée. Retourner une fois à mi-cuisson. Retirer du gril et réserver.

Couper la baguette de pain en tranches minces. Huiler chacune des tranches et poser sur le gril. Cuire jusqu'à ce que le pain soit doré. Retirer et réserver.

Dans un bol, écraser les dés d'avocat pour obtenir une purée.

Ajouter le reste du jus de lime, la coriandre, le zeste, les tomates, saler et poivrer. Bien mélanger.

Étaler ce mélange sur les croûtons et terminer en posant une tranche de pétoncle sur le dessus de chacun des hors-d'œuvre.

Ingrédients

6 gros pétoncles coupés en deux (horizontal)

2 c. à soupe d'huile d'olive

3 c. à soupe de jus de lime

Le zeste d'une lime

1 c. à soupe de coriandre fraîche, hachée finement

1 avocat, pelé, dénoyauté et coupé en dés

2 tomates italiennes coupées en dés

Gros sel et poivre du moulin

Une baguette de pain

Moules à la sauce au vin

Dans une grande casserole, faire chauffer l'huile d'olive à feu moyen. Ajouter l'ail et l'oignon et faire revenir jusqu'à ce qu'ils aient ramolli.

Ajouter le vin et laisser mijoter 5 minutes à découvert.

Ajouter les moules et couvrir. Laisser mijoter à feu moyen-vif environ 5 minutes, et les transférer dans un bol lorsqu'elles s'ouvrent.

Jeter les moules qui ne se sont pas ouvertes après 7 minutes.

Réserver le jus de cuisson.

Dans un mélangeur, mettre la coriandre, le persil, le beurre, le jus de citron et le jus de cuisson. Bien mélanger jusqu'à obtenir une texture lisse.

Verser le mélange sur les moules et bien mélanger.

Servir.

Ingrédients

1 oignon pelé et haché

2 gousses d'ail hachées

1 c. à soupe d'huile d'olive

1/2 tasse de vin blanc sec

2 douzaines de moules lavées et brossées

1 tasse de coriandre fraîche

1/2 tasse de persil frais

1 c. à soupe de beurre ramolli

1 c. à soupe de jus de citron

Moules à la sauce au vin

Moules à la provençale

Salade de moules

Dans une grande casserole, faire chauffer le vin et 2 gousses d'ail
à feu vif. Ajouter les moules et laisser bouillir jusqu'à ce
qu'elles s'ouvrent, soit environ 5 minutes.
Retirer les moules qui ne s'ouvrent pas.
Rincer à l'eau froide.
Dans un grand bol, mélanger la moutarde, l'ail, le sel,
le poivre, le sucre, l'origan et le vinaigre de vin.
Ajouter l'huile d'olive et bien mélanger.
Mettre les moules dans un bol à service, ajouter la quantité désirée de
vinaigrette, garnir le persil, d'aneth et d'oignons et réfrigérer 15 minutes.
Servir.

Ingrédients

40 moules brossées et lavées

3/4 tasse de vin blanc sec

3 gousses d'ail pressées

1 c. à soupe de moutarde de Dijon

1 c. à soupe de sel

1/4 c. à soupe de poivre

1/2 c. à soupe de sucre

1/2 c. à soupe d'origan frais haché

6 c. à soupe de vinaigre
de vin rouge

1 tasse d'huile d'olive

1 bouquet de persil haché

1 bouquet d'aneth haché

1 oignon haché

Moules à la provençale

Bien laver et brosser les moules, et les mettre
avec leur jus dans une grande casserole.
Faire chauffer à feu élevé jusqu'à ce qu'elles s'ouvrent.
Jeter les moules qui ne s'ouvrent pas.
Égoutter et réserver le jus.
Dans une grande casserole, faire chauffer l'huile d'olive à feu doux.
Ajouter les oignons et faire revenir jusqu'à ce qu'ils ramollissent.
Ajouter l'ail et le thym et faire revenir 1 minute.
Ajouter le vin rouge et laisser mijoter 5 minutes.
Ajouter les tomates et le jus des moules,
couvrir et laisser mijoter 30 minutes.
Retirer le couvercle et laisser mijoter encore 15 minutes.
Ajouter les moules et laisser mijoter 5 minutes.
Assaisonner de sel et de poivre, et parsemer de persil.
Servir.

Ingrédients

900 g de moules

3 c. à soupe d'huile d'olive

1 oignon finement haché

3 gousses d'ail hachées

2 c. à soupe de thym frais haché

3/4 tasse de vin rouge

1 conserve (825 ml)
de tomates en dés

2 c. à soupe de persil frais haché

Sel et poivre

Moules à l'aneth

Dans une grande casserole, faire chauffer le vin blanc, l'ail, les oignons, les feuilles de laurier et le poivre à feu vif.

Ajouter les moules et laisser bouillir 5 minutes. Retirer les moules au fur et à mesure qu'elles s'ouvrent, et jeter celles qui ne s'ouvrent pas.

Garder 1 tasse du liquide dans lequel les moules ont cuit, et le faire chauffer avec le lait et l'aneth.

Réduire à feu doux et ajouter les jaunes d'œuf.

Ajouter la crème lorsque la sauce épaissit.

Si la sauce est trop épaisse, ajouter du jus de moules.

Servir les moules avec un peu de sauce.

Ingrédients

48 moules

2 tasses de vin blanc sec

3 gousses d'ail pressées

6 oignons du printemps hachés

3 feuilles de laurier

1/4 c. à thé de poivre noir

1/2 tasse de lait

1 c. à soupe d'aneth frais haché

2 jaunes d'œuf

1/2 tasse de crème 10 %

Huîtres frites

Remplir la friteuse d'huile et chauffer à 375 °F (190 °C).

Dans un bol, mélanger la farine, le sel et le poivre.

Ouvrir les huitres, les défaire de la coquille, les rouler dans le mélange de farine, les tremper dans les œufs, et les rouler dans la chapelure.

Mettre tranquillement les huîtres dans la friteuse, environ 5 à la fois.

Les laisser frire environ 2 minutes, jusqu'à ce qu'elles soient bien dorées.

Les mettre dans un bol couvert d'essuie-tout pour absorber le gras.

Servir.

Ingrédients

Huile végétale (pour la friteuse)

1/2 tasse de farine

1 c. à thé se sel

1/2 c. à thé de poivre

340 g d'huîtres

2 œufs battus

3/4 tasse de chapelure

Huîtres frites

Huîtres au beurre et fenouil

Omelette aux huîtres et aux fines herbes

Préchauffer le four à broil.

Dans un bol, battre les œufs. Ajouter la crème, la sauce piquante, le basilic, l'origan, le poivre, et 1 c. à soupe de parmesan.

Ouvrir les huîtres à l'aide d'un couteau à huîtres et les défaire de leur coquille.

Dans une grande poêle, faire chauffer l'huile d'olive à feu moyen-vif.

Ajouter le beurre. Bien répandre dans la poêle.

Ajouter les huîtres et les faire revenir environ 1 minute de chaque côté.

Laisser mijoter 30 secondes pour que le liquide réduise.

Ajouter peu à peu le mélange d'œufs, en s'assurant que les huîtres soient bien réparties dans la poêle.

Laisser mijoter 3 minutes.

Ajouter le parmesan et mettre au four 7 minutes.

Retirer, parsemer de persil, couper en pointes et servir directement dans la poêle.

Ingrédients

6 œufs

1/4 tasse de crème 15 %

Quelques gouttes de sauce piquante

1 c. à thé de basilic frais haché

1 c. à thé d'origan frais haché

1/4 c. à thé de poivre

1/3 tasse de parmesan râpé

1 c. à thé d'huile d'olive

1 c. à soupe de beurre

12 huîtres fraîches

2 c. à soupe de persil frais haché

Huîtres au beurre et fenouil

Préchauffer le four à 450 °F (230 °C).

Dans un bol, mélanger le beurre, les échalotes, les graines de fenouil, les feuilles de fenouil, le sel et le poivre.

Ouvrir les huîtres à l'aide d'un couteau à huîtres et les détacher de leur coquille.

Placer les huîtres ouvertes sur une tôle à cuisson.

Remplir chaque huître de 1/2 c. à thé du mélange beurre-fenouil.

Cuire au four quelques minutes, jusqu'à ce que le beurre soit bien chaud.

Servir.

Ingrédients

1 c. à thé de graines de fenouil broyées

1 tasse de beurre ramolli

1 c. à soupe d'échalotes hachées

1 c. à soupe de feuilles de fenouil frais hachées

1 c. à thé de poivre

1/2 c. à thé de sel

24 huîtres fraîches

Ingrédients

3/4 tasse de vinaigre de vin rouge

1 c. à soupe de poivre noir

3 c. à soupe d'échalotes hachées

Sauce vin et échalotes pour huîtres fraîches

Mélanger tous les ingrédients dans un petit bol.

Mettre sur les moules fraîches avant de les manger.

Huîtres gratinées

Ingrédients

12 huîtres

1 1/2 tasse de roquefort râpé

125 ml de crème fraîche

Chapelure

1/2 c. à thé de sel

1/4 c. à thé de poivre blanc

3 c. à thé de persil frais haché

Bien nettoyer les huîtres, puis les ouvrir à l'aide d'un couteau à huîtres.

Vider l'eau et détacher l'huître de la coquille.

Placer les huîtres (dans leurs coquilles) sur une tôle à cuisson.

Dans une casserole, faire chauffer la crème à feu moyen-vif.

Ajouter le fromage et bien mélanger jusqu'à ce que le fromage ait totalement fondu.

Ajouter le sel, le poivre et le persil.

Verser le mélange sur chaque huître afin que la coquille soit remplie.

Ajouter un peu de chapelure.

Cuire à broil environ 10 minutes.

Servir.

Huîtres gratinées

Pâtes aux fruits de mer

Brochettes de crevettes et pétoncles à l'orange

Faire tremper les broches de bois dans l'eau environ 30 minutes.

Fabriquer des brochettes en alternant les crevettes, les pétoncles, les poivrons et l'oignon.

Dans un grand plat hermétique, mettre tous les ingrédients de la marinade et mélanger.

Mettre les brochettes dans le plat et refermer.

Agiter vigoureusement pour que les brochettes s'imprègnent uniformément de la marinade.

Laisser reposer environ 2 heures.

Huiler la grille du barbecue et cuire 5 minutes en badigeonnant du reste de la marinade.

Ingrédients

20 crevettes et 20 pétoncles

1 poivron rouge ou jaune coupé en gros cubes

1 oignon rouge coupé en demi-quartiers

Prévoir des broches de bois pour les brochettes

Marinade :

3 c. à soupe d'huile d'olive

2 tasse de jus d'orange (maison ou du marché)

2 c. à soupe de menthe fraîche hachée finement

Pâtes aux fruits de mer

Dans un grand poêlon, faire sauter les oignons et l'ail dans l'huile d'olive à feu moyen jusqu'à ce qu'ils deviennent mous et transparents.

Ajouter les tomates en purée et la pâte de tomates.

Laisser mijoter durant 20 minutes.

Ajouter les morceaux de homard et laisser mijoter durant 5 minutes.

Ajouter les crevettes et attendre 2 minutes.

Ajouter le basilic et les graines de poivre.

Servir sur les pâtes et saupoudrer de fromage.

Ingrédients

1 petit oignon coupé en dés

3 gousses d'ail émincées

2 c. à soupe d'huile d'olive

1 boîte de tomates en purée

1 boîte de pâte de tomates

1 queue de homard coupée en morceaux de 1 po

454 g de grosses crevettes

1 c. à soupe de basilic fraîchement coupé

1 pincée de graines de poivre rouge

454 g de linguine cuits

1/4 tasse de parmesan fraîchement râpé

Index

Collection

malins plaisirs

Des livres qui mettent l'eau à la bouche!

De la même collection, découvrez aussi :

malins plaisirs

Cocktails, punchs et sangrias

malins plaisirs

Crêpes

malins plaisirs

Sauces & trempettes

malins plaisirs

Vinaigrettes & marinades

malins plaisirs

Jus & smoothies

malins plaisirs

Cuisine réconfortante

malins plaisirs

Soupes

malins plaisirs

Plats mijotés

malins plaisirs

Purées pour bébés et repas pour enfants

malins plaisirs

Herbes et épices

malins plaisirs

Barbecue

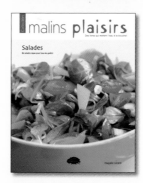

malins plaisirs

Salades

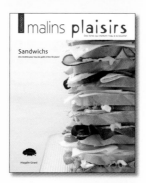

malins plaisirs

Sandwichs

malins plaisirs

Fondues et raclettes

Collection

malins plaisirs

Des livres qui mettent l'eau à la bouche!

Herbes et épices

De la saveur et de la couleur dans votre assiette!

Par Marie-Jo Gauthier

les malins
éditions

Table des matières

Introduction

La collection Malins Plaisirs propose des livres de recettes
qui vous mettront l'eau à la bouche!
Des recettes originales à la portée de tous, de superbes
photos et des sujets variés : une collection parfaite pour
toutes les cuisines, et toutes les bouches!

Les herbes et les épices sont souvent les ingrédients
les plus importants d'une recette. Sans eux, la plupart
des plats perdraient de leurs attraits! Désormais, les herbes
et les épices n'auront plus de secrets pour vous!
Découvrez leurs origines, comment ils sont fabriqués
et les aliments auxquels ils se marient bien.
De plus, chaque herbe ou épice est accompagnée d'une
recette qui vous permettra d'en expérimenter les arômes.

Bon appétit!

Marinade à l'achiote et aux agrumes

Achiote

L'achiote se trouve en Amérique latine, en Espagne et dans l'est de l'Inde. C'est une plante aux grandes feuilles vertes en forme de cœur. Ses fruits ressemblent à des capsules velues pouvant être de couleur rouge, rose ou brune. Arrivés à maturité, les fruits s'ouvrent et laissent découvrir de nombreuses graines. Les graines sont séchées puis transformées en une pâte de couleur rouille souvent utilisée pour donner de la couleur au riz, au poisson, au beurre ou au fromage. En magasin, l'achiote peut se retrouver sous forme de graines, de poudre ou de pâte. On peut le frotter sur le poulet, le porc, le poisson ou les fruits de mer. Il apporte un petit goût sucré et poivré à la nourriture.

Propriétés : Il agirait comme antioxydant, antibactérien, antivomitif et antinauséeux. Appliqué sur la peau, il aide à la cicatrisation.

Marinade à l'achiote et aux agrumes

Dans un mélangeur, mettre la moitié du jus d'orange, la pâte d'achiote, les piments, l'ail, le poivre et le sel. Bien mélanger. Ajouter la coriandre et le reste du jus d'orange et mélanger jusqu'à obtenir une texture lisse. Accompagne bien le poulet.

Ingrédients

2/3 tasse de jus d'orange

1/4 tasse de pâte d'achiote

2 piments jalapeños bouillis et épépinés

7 gousses d'ail pelées

1 c. à soupe de poivre noir du moulin

1 c. à soupe de sel

1 bouquet de coriandre fraîche

Agastache

L'agastache provient d'une plante herbacée aux épis floraux généralement mauves et est utilisée comme herbe aromatique dans les cuisines nord-américaines et asiatiques. Elle possède un parfum très marqué, et lorsqu'on froisse son feuillage, l'odeur qui s'en dégage rappelle celle de la menthe. L'odeur des fleurs, quant à elle, est comme un mélange entre la mélisse, la menthe et la réglisse. Les feuilles d'agastache sont excellentes pour parfumer les sauces, les salades, les poissons et les desserts.

Propriétés : Son odeur fait fuir les moustiques. Elle aurait aussi des propriétés énergisantes.

Gratin de courgettes au cheddar et à l'agastache

Ingrédients

4 courgettes coupées en tranches

1 tasse de cheddar fort râpé

2 tasses de bouillon de poulet

1 bouquet d'agastache émietté

1 c. à soupe d'huile d'olive

Graisser un plat allant au four d'huile d'olive.

Étendre les tranches de courgettes dans le fond du plat.

Mettre un peu de fromage râpé par-dessus les courgettes.

Ajouter l'agastache.

Recommencer l'opération jusqu'à ce qu'il ne reste plus de courgettes.

Verser doucement le bouillon de poulet.

Couvrir d'aluminium et cuire au four 20 minutes à 350 °F (175 °C) .

Retirer l'aluminium et cuire 30 minutes supplémentaires.

Servir.

Gratin de courgettes au cheddar et à l'agastache

Ail

Plante potagère vivace originaire d'Asie centrale, l'ail est utilisé depuis 5000 ans. On le retrouve à peu près partout, notamment en Chine, aux États-Unis et en Espagne. Il en existe plus de 700 variétés. Ce sont ses bulbes, à l'odeur et au goût forts, qui sont employés dans d'innombrables plats. Quand on achète de l'ail, il faut s'assurer que le bulbe soit bien ferme, car s'il est mou, il risque d'être sec ou moisi. L'ail peut être utilisé cru, cuit, haché, pilé ou entier. Il apporte un fumet incomparable à d'innombrables plats, que ce soit les viandes, la volaille, les sauces, les vinaigrettes, les salades ou les pâtes.

Propriétés : C'est un antioxydant qui aide à prévenir les maladies liées au vieillissement. On dit de l'ail qu'il aurait un effet protecteur contre les cancers de l'estomac et de l'intestin, ainsi que contre les maladies cardiovasculaires. Il est l'ingrédient principal des recettes contre le rhume de nos grand-mères.

Sauce à l'ail

Ingrédients

3 1/2 gousses d'ail hachées finement

1/2 c. à thé de sel

2 blancs d'œufs

1 1/8 tasse d'huile de canola

1/4 tasse de jus de citron

Dans un robot culinaire, mettre l'ail, les blancs d'œufs et le sel.
Mélanger jusqu'à ce que les blancs d'œufs aient atteint
une texture mousseuse.
En laissant tourner le robot, ajouter peu à peu l'huile et le citron et continuer à mélanger jusqu'à ce que la sauce épaississe.
Laisser refroidir au réfrigérateur pendant 2 heures avant de servir.
Accompagne très bien les viandes rouges et les pommes de terre.

Sauce à l'ail

Omelette au saumon fumé et à l'aneth

Aneth

Plante annuelle originaire d'Asie Mineure, l'aneth pousse au bord des chemins et dans les terrains vagues. Elle peut atteindre une hauteur d'un mètre. Ses feuilles sont d'un vert bleuté, et ses fleurs, jaunes, contiennent des graines brun foncé. Ses feuilles, qu'elles soient fraîches ou séchées, accompagnent très bien les poissons, les fruits de mer, la volaille, les salades, les marinades et les œufs. Pour empêcher qu'elles perdent leur saveur, il faut éviter de les faire bouillir, mais plutôt les ajouter en fin de cuisson. Ses graines peuvent être utilisées entières ou pilées. Elles se marient bien aux betteraves, aux concombres, à la crème fraîche et aux pommes de terre. C'est aussi l'ingrédient majeur dans la préparation des cornichons.

Propriétés : Son nom anglais, dill, provient en fait du norvégien dilla qui signifie bercer, calmer, apaiser, ce qui représente bien les propriétés sédatives de l'aneth. On dit aussi que mâcher quelques graines d'aneth après le repas aide à la digestion et rafraîchit l'haleine. Dans les vieux traités d'herboristerie, on préconisait l'aneth pour aider à combattre le hoquet.

Omelette au saumon fumé et à l'aneth

Dans une grande poêle, faire chauffer l'huile d'olive à feu moyen. Ajouter les oignons et les faire revenir jusqu'à ce qu'ils aient ramolli, soit environ 4 minutes.
Ajouter le saumon fumé et le faire revenir 1 minute.
Ajouter le mélange d'œufs, le sel et le poivre. S'assurer que le mélange d'œufs soit réparti également.
Laisser chauffer jusqu'à ce que les œufs soient cuits, c'est-à-dire 4 à 5 minutes.
Ajouter l'aneth, plier en deux et servir.

Ingrédients

3 c. à soupe d'huile d'olive
1 petit oignon haché
115 g de saumon fumé
4 œufs battus
1/4 c. à thé de sel
1/4 c. à thé de poivre
1 bouquet d'aneth frais

Anis vert

L'anis vert provient d'une plante aromatique annuelle originaire des pays de la Méditerranée orientale. C'est une épice très ancienne dont il est même fait mention dans la Bible. On le trouve entre autres en Turquie, en Italie, en Espagne, en Russie, en Bulgarie et au Mexique. Ses tiges peuvent atteindre 75 cm de haut. Les graines de l'anis se trouvent à l'intérieur de ses fleurs, qui peuvent être blanches ou jaunes. Les feuilles accompagnent très bien les plats de légumes, les lentilles, les poissons, les viandes et les salades. Les graines, quant à elles, sont souvent utilisées en pâtisserie et en boulangerie. On trouve aussi l'anis dans plusieurs boissons tels que le pastis, l'arak et l'ouzo.

Propriétés : Les graines d'anis, lorsqu'elles sont infusées, aident à la digestion et à combattre les ballonnements. On dit aussi de l'anis qu'il aurait des propriétés magiques et que ses graines, placées à l'intérieur d'une taie d'oreiller, aideraient à chasser les cauchemars !

Biscotti à l'abricot et à l'anis

Ingrédients

3 blancs d'œufs

1/4 tasse de miel

2 tasses de farine tout usage

2/3 tasse de cassonade

1 1/4 tasse de graines d'anis moulues

3/4 c. à thé de poudre à pâte

1/4 c. à thé de bicarbonate de soude

1/4 c à thé. de sel

2/3 tasse d'abricots séchés finement hachés

Préchauffer le four à 325 °F (160 °C). Prendre une grande feuille de papier parchemin et l'enduire d'une mince couche de vaporisateur à cuisson, puis de farine.

Dans un bol, fouetter les blancs d'œufs et le miel jusqu'à l'obtention d'un mélange homogène. Réserver.

Dans un grand bol, mélanger la farine, la cassonade, les graines d'anis, la poudre à pâte, le bicarbonate de soude et le sel.

Faire un trou au centre du mélange et y verser le mélange d'œufs et de miel ainsi que les abricots. Bien mélanger jusqu'à l'obtention d'une consistance lisse. Placer la pâte sur le papier parchemin et la séparer en deux. Avec chaque moitié, faire un grand cylindre d'environ 12 pouces par 2 pouces.

Laisser un espace d'environ 6 pouces entre chaque cylindre.

Placer au four et laisser cuire environ 40 minutes jusqu'à ce que la pâte ait une teinte dorée. Réduire à 300 °F (150 °C).

Sortir du four. Couper chaque cylindre en tranches diagonales d'environ 1/2 pouce chacune, étendre les tranches sur le papier parchemin et remettre au four 15 minutes jusqu'à ce que la pâte soit bien croustillante.

Servir.

Biscottis à l'abricot et à l'anis

Soupe aux tomates et à l'anis

Anis étoilé

Aussi nommé badiane chinoise, l'anis étoilé provient du badianier de Chine, qui est un arbre tropical. Cet arbre produit de grosses feuilles sombres. Son fruit est en forme d'étoile et chaque lobe contient une graine. Le fruit est cueilli lorsqu'il est encore vert, puis séché au soleil, ce qui lui donne sa teinte brun rouge. Son arôme est plus puissant que celui de l'anis vert, mais comme ce dernier, il est beaucoup utilisé en pâtisserie et en boulangerie. Il sert à assaisonner le porc, le poulet, le canard, le riz et les currys. Il est aussi utilisé dans la fabrication du pastis, de l'ouzo et de la sambuca.

Propriétés : Comme l'anis vert, l'anis étoilé, lorsqu'il est infusé, stimule la digestion et aide à combattre les ballonnements. En Chine, l'anis étoilé est utilisé pour combattre les rhumatismes, les douleurs dorsales et les hernies.

Soupe aux tomates et à l'anis

Dans une grande casserole, faire chauffer l'huile d'olive à feu moyen-vif.
Ajouter l'oignon et faire revenir jusqu'à ce qu'il ait ramolli.
Ajouter le céleri et la carotte et faire revenir environ 5 minutes en mélangeant de temps à autre.
Ajouter les tomates et leur jus, le bouillon de légumes, les anis étoilés et le persil. Porter à ébullition.
Réduire à feu doux, couvrir et laisser mijoter 40 minutes.
Retirer du feu, enlever les anis étoilés et laisser refroidir.
Verser le mélange dans le mélangeur et réduire en purée.
Remettre dans la casserole et laisser chauffer jusqu'à l'obtention de la température désirée.
Servir.

Ingrédients

2 c. à soupe d'huile d'olive
1 gros oignon haché
2 bâtons de céleri hachés
1 carotte hachée
900 g de tomates pelées et hachées
4 tasses de bouillon de légumes
6 étoiles d'anis entières
1 c. à soupe de persil frais haché

Basilic

Le basilic est une plante annuelle de 20 à 60 cm de haut qui est originaire d'Orient. Ses feuilles, qui peuvent aller du vert pâle au vert foncé, sont de forme ovale et ses fleurs, groupées en grappes, sont petites et de couleur blanche. Ce sont ses feuilles qui sont utilisées en cuisine et qui ajoutent une saveur sucrée et citronnée aux mets. Ces dernières peuvent être coupées ou broyées, mais on déconseille de les faire cuire, car elles perdent leur arôme. Le basilic accompagne bien les salades, les tomates, les courgettes, les poissons, la volaille, les pâtes, les sauces et les vinaigrettes. C'est aussi l'ingrédient majeur dans la fabrication du pesto.

Propriétés : Le basilic est, entre autres, un antiseptique et il aide à combattre le rhume et les maux de gorge. Autrefois, on l'utilisait pour combattre la mélancolie et les sautes d'humeur.

Smoothie au basilic et aux tomates

Ingrédients

1 kg de tomates

2 oignons verts hachés finement

1/2 concombre

2 gousses d'ail pelées et hachées finement

3 c. à soupe d'huile d'olive

1 c. à thé de vinaigre balsamique

1/2 bouquet de basilic haché

Remplir une casserole d'eau et porter à ébullition.

Réduire à feu moyen et y mettre les tomates 1 minute.

Retirer les tomates, les égoutter, les peler et enlever les pépins.

Mettre les tomates dans le mélangeur.

Ajouter l'ail et les oignons verts et bien mélanger.

Ajouter l'huile d'olive, le basilic et le vinaigre balsamique.

Bien mélanger jusqu'à l'obtention d'une texture lisse.

Déposer une tranche de concombre sur le rebord du verre pour décorer et servir.

Smoothie au basilic et aux tomates

Poires au sirop de camomille

Camomille

Herbe provenant d'une plante vivace originaire de la Méditerranée orientale, la camomille peut atteindre de 10 à 30 cm de haut. Aujourd'hui, on la retrouve partout en Europe occidentale, et également en Amérique du Nord et en Argentine. Ses fleurs blanches au cœur jaune ressemblent un peu aux marguerites. La camomille peut servir à aromatiser les salades et les desserts.

Propriétés : En tisane, elle aide à relaxer et à dormir. Elle est aussi beaucoup utilisée dans les crèmes, les lotions et les shampoings.

Poires
au sirop de camomille

Dans une casserole, mettre l'eau, le vin, le sucre et la camomille et porter à ébullition.
Ajouter les poires et le lait, couvrir et laisser mijoter 15 minutes.
Retirer du feu et laisser reposer 20 minutes.
Retirer les poires du chaudron.
Passer le sirop au tamis et remettre sur le feu.
Porter à ébullition jusqu'à l'obtention d'un épais sirop.
Verser le sirop sur les poires.
Servir avec une boule de crème glacée à la vanille.

Ingrédients

4 tasses d'eau
2 tasses de vin blanc
1 3/4 tasse de sucre
3 c. à soupe de thé à la camomille
4 poires entières pelées
2 tasses de lait

Cannelle

La cannelle provient de l'écorce intérieure du cannelier de Ceylan, un arbre originaire du Sri Lanka. Aujourd'hui, cet arbre est cultivé un peu partout dans le monde. On trouve la cannelle sous forme de petits tubes, mais aussi en poudre. En Europe et en Amérique, elle est surtout utilisée pour les desserts, mais elle peut aussi accompagner des plats salés, comme les viandes et les légumes, ce qu'on voit fréquemment dans les mets orientaux. La cannelle fait aussi partie des ingrédients clés de la préparation de diverses boissons chaudes, comme le thé à la cannelle.

Propriétés : La cannelle aurait des propriétés d'antioxydant. On dit aussi qu'elle aurait des vertus aphrodisiaques.

Brioches à la cannelle

Ingrédients

4 sachets de levure (8 g)

1 tasse de lait chaud

1/2 tasse de sucre granulé

1/3 tasse de beurre

1 c. à thé de sel

2 œufs

4 tasses de farine

1 tasse de cassonade

2 1/2 c. à soupe de cannelle

1/3 tasse de margarine fondue

Glaçage :

8 c. à soupe de margarine

1 1/2 tasse de sucre en poudre

1/4 tasse de fromage à la crème

1/2 c. à thé d'essence de vanille

1/8 c. à thé. de sel

Dans un grand bol, mettre le lait chaud et la levure et mélanger jusqu'à ce que la levure soit dissoute.

Ajouter le sucre granulé, le beurre, le sel, les œufs et la farine, et bien mélanger. Former une grosse boule avec la pâte.

Remettre la boule de pâte dans un bol et la laisser reposer environ 1 heure jusqu'à ce qu'elle ait doublé de grosseur. Sur une surface de travail couverte de farine, rouler la boule de pâte jusqu'à l'obtention d'un rouleau d'environ 21 pouces de long, 16 pouces de large et 1/4 pouce d'épaisseur.

Préchauffer le four à 400 °F (200 °C).

Dans un autre bol, mélanger la cassonade et la cannelle.

Badigeonner la pâte avec la margarine fondue, puis saupoudrer du mélange de cassonade et de cannelle.

Rouler la pâte dans le sens de la longueur pour former un gros rouleau.

Couper le rouleau en tranches de 1 3/4 pouce et les placer sur une tôle graissée. Mettre au four et laisser cuire 20 minutes jusqu'à ce que la pâte ait une belle couleur dorée.

Pendant la cuisson des rouleaux, mettre tous les ingrédients du glaçage dans un grand bol. Bien mélanger à l'aide d'un batteur électrique jusqu'à l'obtention d'une texture légère.

Sortir les rouleaux du four et les couvrir de glaçage.

Servir.

Brioches à la cannelle

Sablés à la cardamome

Cardamome

La cardamome provient d'une plante vivace originaire du Malabar. Ce sont les fruits de cette plante, qui ressemblent à de petites capsules ovales et qui contiennent chacun de 10 à 20 graines, qui sont utilisés comme épices. Ils sont cueillis lorsqu'ils sont encore verts, puis séchés au soleil. Aujourd'hui, la cardamome est cultivée en Inde, en Indonésie et au Sri Lanka. C'est l'épice typique de la cuisine indienne que l'on retrouve beaucoup dans les currys. Troisième épice la plus dispendieuse, après le safran et la vanille, on peut trouver la cardamome en poudre ou entière. C'est l'une des épices entrant dans la composition du garam massala et du ras-el-hanout. Elle peut servir à parfumer le riz, le porc, le bœuf et l'agneau. Elle est aussi utilisée en pâtisserie, par exemple dans la préparation du pain d'épices, et elle accompagne fort bien certains breuvages, comme le thé.

Propriétés : On dit que c'est un stimulant et un aphrodisiaque, qu'elle aide à neutraliser les effets de la caféine, et que son huile essentielle est antiseptique.

Sablés à la cardamome

Dans un bol, mélanger la farine, le sel, la cardamome et la cannelle. Réserver.
Dans un grand bol, mettre le beurre, le sucre et l'essence de vanille. Bien mélanger à l'aide d'un fouet.
Ajouter le mélange de farine peu à peu en mélangeant bien jusqu'à l'obtention d'une pâte lisse.
Rouler la pâte pour faire un rouleau d'environ 2 pouces de diamètre.
Déposer le rouleau sur une tôle à cuisson, le couvrir d'un linge humide et le mettre au réfrigérateur environ une demi-heure.
Préchauffer le four à 400 °F (200 °C).
Sortir la tôle du réfrigérateur et couper le rouleau en tranches d'environ 1 pouce d'épaisseur.
Mettre la tôle au four environ 10 minutes. Servir.

Ingrédients

3/4 tasse de beurre tiède
1/4 tasse de sucre
1 c. à thé d'essence de vanille
1/4 c. à thé de sel
1 3/4 tasse de farine
2 c. à thé de cardamome moulue
1 c. à thé de cannelle

Carvi

Le carvi provient d'une plante bisannuelle de 50 à 75 cm de haut cultivée pour ses feuilles et surtout pour ses graines. Cette plante est largement cultivée dans toutes les régions tempérées. Son arôme se rapproche de celle du fenouil, de l'anis et de l'aneth. C'est une épice très populaire en Allemagne et en Europe de l'Est. Les feuilles servent à aromatiser certains plats, comme les salades et les potages. Les graines sont utilisées pour parfumer les viandes comme le porc, le gibier et la volaille. Elles accompagnent aussi très bien les légumes-racines comme les pommes de terre, les carottes, les betteraves et les navets. On utilise le carvi dans la fabrication de certains fromages, dans la charcuterie, la choucroute, et dans certaines pâtisseries. On le retrouve aussi dans de nombreux alcools, comme l'aquavit, le gin et le schnaps.

Propriétés : Il aiderait à combattre les spasmes gastriques et les parasites intestinaux.

Croûtons à l'ail et au carvi

Ingrédients

- 1 baguette tranchée dans la diagonale
- 6 c. à soupe d'huile d'olive
- 4 gousses d'ail complètes
- 1 c. à soupe de graines de carvi
- 1/4 tasse de fromage parmesan râpé
- 1/2 c. à thé de sel
- 1/2 c. à thé de poivre

Préchauffer le four à 350° F (175 °C).

Badigeonner les tranches de pain de la moitié de l'huile d'olive et les placer sur une tôle à cuisson. Réserver.

Mettre les 4 gousses d'ail dans du papier d'aluminium et les faire cuire au four environ 30 minutes.

Les retirer du four et les laisser reposer quelques minutes.

Couper le dessus de chaque gousse complète et les presser au dessus d'un petit bol pour en sortir tout le jus.

Mettre les tranches de pain au four et cuire jusqu'à ce qu'elles aient une teinte dorée et qu'elles soient croustillantes.

Dans le bol contenant le jus d'ail, ajouter le reste de l'huile d'olive, les graines de carvi, le parmesan, le sel et le poivre. Bien mélanger.

Badigeonner les croûtons du mélange et servir.

Croûtons à l'ail et au carvi

Sauce piquante maison

Piment de Cayenne

Aussi appelé poivre de Cayenne, le piment de Cayenne provient d'une plante vivace originaire d'Amérique du Sud et des Caraïbes dont les fruits sont de petits piments en forme de cerises de couleur rouge. Ces derniers sont séchés et broyés, ce qui donne la poudre de Cayenne que nous connaissons. C'est le Dr Diego Alvarez Chanca, un ami de Christophe Colomb, qui a fait connaître la plante aux Européens. Maintenant, le piment de Cayenne est utilisé partout à travers le monde. C'est l'une des épices les plus répandues. Très piquant, il doit être utilisé avec modération. Il relève le goût des plats comme peut le faire le poivre, mais en plus piquant, et il accompagne très bien les viandes blanches et les œufs.

Propriétés : Il aide à la digestion et permet à l'organisme de mieux supporter la chaleur. C'est aussi un léger analgésique.

Sauce piquante maison

Couper les tiges des piments et couper les piments en deux.
Épépiner les piments et les placer sur une tôle à cuisson, le côté ouvert vers le bas. Allumer le four à broil.
Mettre les piments au four environ 5 minutes ou jusqu'à ce que la peau se soulève et noircisse.
Retirer du four et mettre les piments dans un sac de plastique environ 10 minutes. Lorsqu'ils sont tièdes, retirer la peau.
Dans un mélangeur, mettre les piments, l'ail, le persil et le sel. Mélanger.
Ajouter un peu de vinaigre, mélanger à nouveau, et ainsi de suite jusqu'à l'obtention d'une consistance lisse.
Couvrir et réfrigérer.
Se conserve plusieurs semaines.

Ingrédients

10 gros piments de Cayenne

2 gousses d'ail pelées
et coupées en deux

3/4 tasse de vinaigre blanc

1/2 c. à thé de sel

1 pincée de persil

Céleri

Le céleri est une plante herbacée bisannuelle qu'on retrouve surtout en Inde et en Chine, mais aussi dans quelques régions de la France. Les feuilles peuvent servir à relever divers aliments, notamment les soupes et les sauces. Les graines de céleri sont utilisées pour parfumer le poisson, les soupes et les légumes. Le sel de céleri peut remplacer le sel de table et parfumer les légumes frais, les soupes et surtout le jus de tomates ainsi que de nombreux cocktails.

Propriétés : On dit que ce serait un aphrodisiaque et qu'il aurait des propriétés stimulantes.

Salade aux œufs et aux épinards

Remplir une casserole d'eau froide et y mettre les œufs. Porter à ébullition. Retirer du feu, couvrir et laisser reposer environ 10 minutes.

Dans une grande poêle, faire griller le bacon à feu moyen-vif jusqu'à ce qu'il soit croustillant. Retirer du feu et réserver.

Dans un mélangeur, mettre les oignons, le sucre, le sel, l'huile, le vinaigre, le poivre, les graines de céleri et la moutarde. Bien mélanger jusqu'à l'obtention d'une texture lisse. Retirer les œufs de la casserole, enlever la coquille et les couper en morceaux.

Dans un grand bol, mettre les œufs, les épinards, les champignons et les croûtons. Émietter le bacon sur le dessus. Ajouter la vinaigrette et bien mélanger.

Servir.

Ingrédients

4 œufs

225 g de bacon

900 g d'épinards

55 g de croûtons

1/4 tasse de champignons tranchés

1 oignon pelé et haché

1/4 tasse de sucre

1/2 c. à thé de sel

3/4 tasse d'huile d'olive

1/4 tasse de vinaigre balsamique

1/4 c. à thé de poivre

1 c. à thé de graines de céleri

1 c. à soupe de moutarde de Dijon

Salade aux œufs et aux épinards

Cerfeuil

Le cerfeuil provient d'une plante herbacée de 30 à 60 cm de haut originaire de Russie. Ce sont ses feuilles, au goût légèrement anisé, qui sont utilisées comme herbe aromatique. Fraîches, elles aromatisent les sauces, les potages, les crudités, les salades, les omelettes et les grillades. Les graines sont utilisées dans les desserts et les liqueurs. En cuisson, il faut ajouter le cerfeuil à la fin seulement, sinon il perd toute son arôme. Il conserve mieux sa saveur congelé que déshydraté.

Propriétés : Sa quantité de fer et de calcium aident à prévenir l'anémie et le scorbut. Les masques au cerfeuil purifient la peau et rafraîchissent les yeux fatigués.

Roulés aux champignons

Ingrédients

2 c. à soupe de beurre

2 c. à soupe d'échalotes françaises hachées

1 gousse d'ail hachée

250 g de champignons portobellos hachés

3 c. à soupe de vin blanc

1/4 tasse de fromage de chèvre

1 c. à thé de persil frais haché

1 c. à thé de cerfeuil haché

1 c. à thé de ciboulette fraîche hachée

3 feuilles de pâte phyllo

Dans une casserole, faire fondre le beurre à feu moyen. Ajouter les échalotes françaises et l'ail et faire revenir jusqu'à ce que les échalotes deviennent translucides.

Ajouter les champignons et le vin blanc et faire revenir environ 10 minutes jusqu'à ce que les champignons soient cuits.

Retirer du feu et laisser reposer. Préchauffer le four à 400 °F (200 °C).

Lorsque les champignons ont assez refroidi, ajouter le fromage de chèvre et les herbes et bien mélanger jusqu'à l'obtention d'une pâte homogène.

Dérouler une feuille de pâte phyllo et la badigeonner de beurre fondu.

Ajouter une deuxième feuille de pâte phyllo par-dessus la première et l'enduire de beurre fondu. Faire la même chose avec la troisième feuille.

Pétrir le mélange de champignons pour en faire un gros cylindre. Placer le cylindre à l'une des extrémités de la pâte et rouler la pâte autour pour former un rouleau. Avec un couteau, faire de petites entailles sur le dessus du rouleau.

Placer le rouleau sur une tôle et la mettre au four environ 20 minutes jusqu'à ce que la pâte ait atteint une couleur dorée.

Retirer du four et couper le rouleau en tranches.

Servir.

Roulés aux champignons

Agneau aux petits pois

Ciboulette

La ciboulette est une plante aromatique originaire d'Orient. Elle est de la même famille que l'échalote et l'oignon, mais son goût est plus subtil. Elle est cultivée pour ses feuilles, qui servent à aromatiser les vinaigrettes, les légumes, les crudités et les salades. Cuites, les feuilles accompagnent certaines sauces, les omelettes, les pizzas, la volaille, le poisson et les fruits de mer. Ses fleurs peuvent servir à décorer divers plats et salades.

Propriétés : On dit qu'elle aide la circulation sanguine.

Agneau aux petits pois

Dans une grande casserole, faire chauffer l'huile d'olive à feu moyen-vif. Ajouter les morceaux de viande et les faire revenir jusqu'à ce qu'ils soient bien dorés, puis les retirer de la casserole.
Mettre l'oignon dans la casserole et faire revenir jusqu'à ce qu'il ait ramolli. Ajouter les carottes et faire revenir quelques minutes.
Placer l'agneau par-dessus et ajouter le jus de citron, le bouillon de poulet et la ciboulette.
Saler et poivrer. Couvrir et laisser mijoter 45 minutes.
Ajouter les petits pois et laisser mijoter 20 minutes.
Servir.

Ingrédients

1.3 kg d'épaule d'agneau désossée et coupée en morceaux de grosseur moyenne

1 gros oignon pelé et émincé

6 brins de ciboulette hachés

3 carottes coupées en rondelles

Le jus de 1 citron

4 tasses de bouillon de poulet

900 g de petits pois (frais ou congelés)

Huile d'olive

Sel et poivre

Citronnelle

Plante herbacée originaire du sud de l'Inde, la citronnelle est cultivée pour ses tiges et ses feuilles au goût de citron. On la trouve aussi dans différentes régions de l'Afrique et des Antilles. La citronnelle sert à aromatiser les crudités, les salades, les marinades et les potages. C'est l'herbe traditionnelle de la cuisine du sud-est de l'Asie. Il est préférable de couper la citronnelle en gros morceaux afin de pouvoir les enlever après la cuisson. Elle se marie bien avec le gingembre, la noix de coco, l'ail, l'échalote et le piment.

Propriétés : L'huile essentielle de citronnelle sert à faire fuir les moustiques. La citronnelle est aussi antifongique et antibactérienne.

Rouleaux de printemps au poulet et à la citronnelle

Remplir une grande casserole d'eau, ajouter un peu de sel et porter à ébullition. Saler le poulet et le plonger dans l'eau bouillante. Laisser mijoter jusqu'à ce qu'il ait complètement perdu sa teinte rosée, soit environ 10 minutes. Retirer les poitrines de l'eau, les mettre dans un plat et les laisser refroidir au réfrigérateur.

Dans un grand bol, mettre le gingembre, les concombres, le basilic, la menthe, la coriandre, la citronnelle et les arachides.

Sortir le poulet du réfrigérateur et le couper en petits morceaux. Mettre les morceaux avec les autres ingrédients et bien mélanger.

Dans un petit bol, mélanger la sauce au poisson, le jus de lime, le sucre, l'huile de sésame et l'huile d'arachide. Ajouter au mélange de poulet et bien mélanger. Remplir un grand plat d'eau bouillante.

Tremper une feuille de riz dans l'eau jusqu'à ce qu'elle ramollisse. L'étendre sur une surface de travail et mettre une tranche de laitue au milieu.

Étendre environ 1/3 tasse du mélange sur la feuille de laitue.

Plier le bas de la feuille de riz vers le haut, puis rouler pour former un rouleau. Recommencer l'opération jusqu'à ce qu'il ne reste plus de mélange.

Servir.

Ingrédients

900 g de poitrines de poulet désossées et sans peau

1/2 c. à thé de sel

2 c. à soupe de gingembre frais râpé

1/2 tasse de concombres pelés et coupés en juliennes

1/4 tasse de basilic frais haché

1/4 tasse de menthe fraîche hachée

1/4 tasse de coriandre fraîche hachée

1 1/2 c. à soupe de citronnelle hachée

1/2 tasse d'arachides émiettées

1/4 tasse de sauce au poisson

3 c. à soupe de jus de lime

1 c. à soupe de sucre

1 c. à soupe d'huile de sésame

1 c. à soupe d'huile d'arachide

16 feuilles de riz

16 feuilles de laitue iceberg

Rouleaux de printemps au poulet et à la citronnelle

Pain d'épices

Clou de girofle

Le clou de girofle provient d'un arbre originaire d'Indonésie qu'on nomme le giroflier. Ce sont ses boutons floraux, qui ne sont pas encore parvenus à maturité, que l'on nomme clou de girofle. Ils sont récoltés puis séchés au soleil jusqu'à ce qu'ils atteignent cette teinte brun foncé qu'on leur connaît. Le clou de girofle aromatise les marinades, la choucroute, les currys, le pain d'épice et les biscuits. Il se marie très bien avec la cannelle.

Propriétés : On dit que c'est un antiseptique.

Pain d'épices

Préchauffer le four à 350 °F (175 °C).
Prendre un plat carré d'environ 8 pouces allant au four et bien le graisser.
Dans un bol, fouetter le shortening et le sucre jusqu'à l'obtention d'une texture lisse et neigeuse.
Ajouter la mélasse et l'œuf et fouetter à nouveau.
Dans un deuxième bol, mélanger la farine, le sel, le bicarbonate de soude, le gingembre, la cannelle et le clou de girofle.
Mettre l'eau dans un chaudron et porter à ébullition.
Verser alternativement le mélange de farine et l'eau dans le mélange sucre/shortening en mélangeant constamment.
Verser le mélange dans le plat.
Mettre au four et laisser cuire entre 35 et 40 minutes.
Couper en morceaux et servir.

Ingrédients

1/2 tasse de shortening

1/2 tasse de sucre blanc

1 œuf

1/2 tasse de mélasse

1 1/2 tasse de farine

3/4 c. à thé de sel

3/4 c. à thé de bicarbonate de soude

1/2 c. à thé de gingembre moulu

1/2 c. à thé de cannelle moulue

1/2 c. à thé de clou de girofle moulu

1/2 tasse d'eau

Coriandre

La coriandre est une plante herbacée annuelle. On ne sait pas d'où elle provient exactement, mais on croit qu'elle serait originaire d'Europe ou du Proche-Orient. On peut cueillir ses feuilles à mesure qu'elles poussent sur le plan, et ce, jusqu'à l'apparition des fleurs blanches. Ses feuilles, ses racines et ses fruits sont utilisés en cuisine, surtout en Asie, en Amérique latine et dans la cuisine méditerranéenne. Les fruits de coriandre, qu'on utilise séchés, ressemblent beaucoup à des graines. Ils mesurent seulement quelques millimètres et leur couleur va de beige à brun clair. Leur goût est différent de celui des feuilles. Entiers, ils peuvent servir à parfumer les bocaux de cornichons et les liqueurs. Moulus, ils entrent dans la composition de base de la poudre de curry, des saucisses et des terrines. Ses feuilles, quant à elles, sont aussi savoureuses fraîches que cuites dans un plat. Les racines sont surtout utilisées dans la cuisine asiatique.

Propriétés : C'est une bonne source de vitamine K, qui aide à la coagulation du sang. C'est aussi un antioxydant.

Épaule de porc à la coriandre

Passer les morceaux de porc dans la farine.

Dans une casserole, faire chauffer l'huile d'olive à feu moyen.

Y déposer les morceaux de porc et les faire dorer de tous les côtés, puis les retirer du feu.

Réduire à feu doux, puis ajouter les oignons, l'ail, le céleri et les graines de coriandre. Les faire revenir en mélangeant jusqu'à ce qu'ils aient atteint une teinte dorée.

Ajouter les tomates et la coriandre fraîche.

Remettre les morceaux de porc et bien mélanger. Saler et poivrer.

Laisser mijoter 1 heure en ajoutant de l'eau au besoin.

Servir accompagné de légumes.

Ingrédients

900 g d'épaule de porc coupée en gros cubes

2 oignons pelés et émincés

2 gousses d'ail

3 branches de céleri

2 tomates pelées et épépinées

Farine

3 c. à soupe d'huile d'olive

1 c. à thé de graines de coriandre

1 bouquet de coriandre fraîche hachée

Épaule de porc à la coriandre

Tarte au chocolat et au cubède

Cubède

C'est une épice originaire d'Indonésie qui est surtout produite à Sumatra et à Java et qui est obtenue à partir de baies récoltées avant maturité, séchée et moulues. Le cubèbe est de la même famille que le poivre, mais son goût est plus fort. On l'appelle d'ailleurs souvent le poivre à queue. On le retrouve fréquemment dans la préparation du curry. Il s'accorde bien avec les plats de poissons et de légumes et fait partie de la composition du ras-el-hanout.

Propriétés : On dit que c'est un antitussif qui aide à combattre les problèmes respiratoires.

Tarte au chocolat et au cubède

Dans un bol, mélanger la farine, le sel et la poudre d'amande. Dans un autre bol, à l'aide d'un batteur à œufs, mélanger le beurre et le sucre. Ajouter la moitié des ingrédients secs et continuer de mélanger. Dans un troisième bol, battre le jaune d'œuf. Incorporer la moitié du jaune en mélangeant constamment. Ajouter le reste du mélange sec. Ajouter le reste du jaune d'œuf en mélangeant constamment. Lorsque la pâte est homogène, la mettre au réfrigérateur et la laisser reposer 3 heures. Préchauffer le four à 350 °F (175 °C).

La ganache :

Hacher le chocolat finement. Mettre dans un bol et réserver. Dans une casserole, mettre le lait et le beurre et porter à ébullition à feu moyen-vif. Dans un autre bol, battre les œufs et la crème. Verser le mélange de lait et de beurre sur le chocolat haché. Ajouter le mélange de crème et d'œufs en mélangeant constamment. Ajouter le cubède et bien mélanger jusqu'à obtenir une texture lisse. Dans un moule à tarte, étendre la pâte le plus finement possible. Mettre la pâte au four entre 5 et 10 minutes ou jusqu'à ce qu'elle soit bien dorée. Baisser le four à 150 °F (65 °C), ajouter la ganache, et remettre au four environ 5 minutes. Laisser reposer et servir.

Ingrédients

Pâte :

1/4 tasse de beurre
1/4 c. à thé de sel
1/4 tasse de poudre d'amande
1/4 tasse de sucre granulé
3/4 tasse de farine tout usage
1 jaune d'œuf

Ganache :

200 g de chocolat noir pur à 70 %
3/4 tasse de crème 15 %
1/4 tasse de lait
1/8 tasse de beurre
2 œufs
1 c. à thé de cubède

Cumin

Le cumin provient d'une plante herbacée originaire d'Orient. C'est sa graine, séchée, qu'on utilise comme épice. Il s'accorde bien avec la volaille, le poisson, les potages et les tajines. Le cumin entre dans la composition du garam masala, un mélange d'épices traditionnel du nord de l'Inde.

Propriétés : Selon la croyance, porter un sachet de cumin sur soi protège des sorcières et des mauvais sorts.

Ingrédients

1 conserve de pois chiches égouttée
(on en trouve aussi déjà en purée)

2 c. à soupe de tahini

1/2 tasse de jus de citron

1 gousse d'ail

1/2 c. à thé de cumin

1/2 c. à thé de sel

1/2 c. à thé de poivre de Cayenne

Un peu d'eau

Un peu d'huile d'olive

Trempette hummus

Mettre les pois chiches, le tahini, le jus de citron, la gousse d'ail, le cumin et le sel dans le mélangeur. Ajouter assez d'eau pour couvrir.
Bien mélanger jusqu'à obtenir une texture lisse.
Verser le mélange dans un bol, ajouter un peu d'huile d'olive et de poivre de Cayenne et servir.

Trempette hummus

Falafels

Curcuma

Le curcuma provient d'une plante herbacée originaire du sud de l'Asie. Il est cultivé en Inde, en Chine, au Japon, en Birmanie, en Indonésie et en Afrique. C'est son rhizome (sa racine) qui est utilisé en cuisine. Il est d'abord séché, puis réduit en poudre. Il a une saveur poivrée et très aromatique. Il ajoute de la saveur aux viandes, aux fruits de mer, aux légumes et aux currys.

Propriétés : On dit que c'est un anti-inflammatoire.

Falafels

Mettre les pois chiches dans le mélangeur et les réduire en purée jusqu'à l'obtention d'une texture presque lisse, mais avec encore quelques morceaux.
Tremper la tranche de pain dans l'eau pendant 1 minute.
Presser la tranche pour essorer l'eau et l'ajouter aux pois chiches.
Ajouter le reste des ingrédients et bien mélanger jusqu'à l'obtention d'une texture homogène.
Former des boules d'environ 2 pouces de diamètre avec la pâte.
Mettre de l'huile dans une casserole et faire frire les boules quelques unes à la fois environ 3 minutes ou jusqu'à ce qu'elles soient bien dorées.
Essorer à l'aide d'essuie-tout et servir en sandwich ou accompagné de légumes et de riz ou de pommes de terre.

2 tasses de pois chiches cuits

1 tranche de pain blanc sans la croûte.

1/2 tasse d'eau

1 c. à soupe de farine

1 œuf battu

1 c. à soupe de tahini

1/4 c. à thé de cumin moulu

1/4 c. à thé de curcuma moulu

1/4 c. à thé de marjolaine séchée

2 gousses d'ail pressées

2 c. à soupe de persil frais haché

Huile végétale pour la cuisson

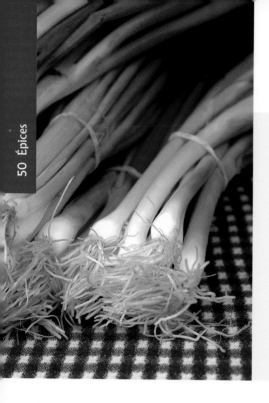

Échalote

L'échalote est une plante bulbeuse qui forme une touffe de 20 à 30 cm de feuilles cylindriques creuses. Elle ressemble à l'oignon, mais sa saveur est plus marquée. L'échalote serait originaire d'Asie centrale. Les bulbes s'utilisent crus ou cuits. Crus, ils servent à aromatiser les salades et les crudités. Cuits, ils aromatisent les sauces, les bouillons, et accompagnent les plats de viandes. Ses feuilles peuvent aussi remplacer la ciboulette.

Propriétés : L'échalote est considérée comme un antioxydant et un antimicrobien.

Risotto aux champignons

Ingrédients

6 tasses de bouillon de poulet

3 c. à soupe d'huile d'olive

450 g de champignons portobellos finement tranchés

450 g de champignons de Paris finement tranchés

2 échalotes hachées

1 1/2 tasse de riz arborio

1/2 tasse de vin blanc sec

1/2 c. à thé de gros sel

1/4 c. à thé de poivre

3 c. à soupe de ciboulette hachée

4 c. à soupe de beurre

1/3 tasse de parmesan râpé

Dans une casserole, faire chauffer le bouillon de poulet à feu doux.

Dans une grande poêle, faire chauffer 2 c. à s. d'huile d'olive à feu moyen-vif.
Ajouter les champignons et faire revenir environ 3 minutes ou jusqu'à ce qu'ils aient ramolli. Verser les champignons et leur jus dans un bol et réserver.

Mettre 1 c. à s. d'huile d'olive dans la poêle et ajouter les échalotes. Faire revenir 1 minute.

Ajouter le riz et bien mélanger pour qu'il soit imbibé d'huile d'olive, c'est-à-dire environ 2 minutes.

Lorsque le riz a pris une teinte dorée, ajouter le vin et bien mélanger jusqu'à ce qu'il soit totalement absorbé.

Ajouter 1/2 tasse de bouillon de poulet et mélanger jusqu'à ce qu'il soit absorbé.

Répéter l'opération jusqu'à ce que tout le bouillon soit absorbé et que le riz soit al dente, c'est-à-dire environ 20 minutes.

Retirer du feu, ajouter les champignons et leur jus, le beurre, la ciboulette et le parmesan. Assaisonner de sel et de poivre, mélanger et servir.

Risotto aux champignons

Poitrines de poulet à l'orange et au balsamique

Estragon

L'estragon est une plante herbacée d'environ 80 cm de haut dont les feuilles disparaissent durant l'hiver. Les feuilles d'estragon peuvent se conserver congelées ou être séchées et réduites en poudre. Peu importe la forme qu'elles prennent, elles sont utilisées pour aromatiser différents plats, comme les lasagnes, les crudités, les sauces, les poissons, les omelettes, les légumes ainsi que les conserves au vinaigre, comme les cornichons. C'est l'estragon qui donne sa saveur principale à la sauce béarnaise.

Propriétés : L'estragon pourrait aider à combattre l'anxiété et l'insomnie.

Poitrines de poulet à l'orange et au balsamique

Dans un grand bol, mélanger le vinaigre, le jus d'orange, le zeste, l'estragon et le poivre. Ajouter les poitrines de poulet et s'assurer qu'elles soient bien imbibées du mélange. Couvrir et laisser reposer quelques heures au réfrigérateur. Dans une poêle, faire revenir les poitrines de poulet environ 5 minutes de chaque côté à feu moyen-vif ou jusqu'à ce que le poulet ait perdu sa teinte rosée. Servir.

Ingrédients

4 poitrines de poulet désossées et sans la peau.

4 c. à soupe de vinaigre balsamique

2 c. à soupe de jus d'orange

1 c. à thé de zeste d'orange

1/2 c. à thé d'estragon

1/4 c. à thé de poivre

Fenouil

Plante à grosse racine qui peut atteindre 1,5 à 2,5 m de haut, le fenouil pousse surtout dans les climats méditerranéens. C'est un légume dont toutes les parties sont comestibles. Son goût rappelle celui de l'anis, et il est surtout utilisé pour accompagner les poissons. Il peut être consommé cru, pour accompagner les salades, ou cuit. Il entre aussi dans la fabrication de certaines liqueurs.

Propriétés : Il aide à digérer et à combattre les ballonnements, la nausée et les maux d'estomac.

Ingrédients

2 bulbes de fenouil lavés et tranchés en rondelles très fines.

1/4 de citron confit coupé en morceaux

1 c. à soupe de jus de citron (pour arroser le fenouil)

2 c. à soupe de jus de citron

1 c. à soupe de coriandre fraîche

1/4 c. à thé de sel

1/4 c. à thé de poivre

3. c. à soupe d'huile d'olive

Salade de fenouil et citrons confits

Dans un bol, placer les tranches de fenouil et verser le jus de citron dessus.

Ajouter les morceaux de citron confit et bien mélanger.

Dans un petit bol, mélanger le jus de citron, l'huile d'olive, le sel et le poivre.

Ajouter au mélange de fenouil et bien mélanger.

Garnir des feuilles de coriandre et servir.

Salade de fenouil et citrons confits

Chou-fleur frit

Fenugrec

Le fenugrec est une plante herbacée originaire d'Inde et du Moyen-Orient qui peut atteindre jusqu'à 60 cm de haut. Ses fruits sont des gousses d'environ 8 cm renfermant chacune entre une dizaine et une vingtaine de graines de couleur brun clair. Les gousses sont séchées, puis battues pour en faire sortir les graines. Les graines et les feuilles sont utilisées, entre autres, dans la cuisine indienne et éthiopienne. La graine doit être grillée ou ramollie dans l'eau avant d'être réduite en poudre. Les feuilles s'emploient un peu comme des pousses d'épinards. C'est l'une des épices qui entrent dans la fabrication du ras-el-hanout.

Propriétés : Selon certaines croyances, le fenugrec aiderait à combattre la chute des cheveux. Il est aussi considéré comme un antifatigue et aiderait à prévenir la fonte des muscles chez les personnes âgées. Il pourrait avoir un effet préventif contre les cancers du sein, du colon et de la vésicule biliaire.

Chou-fleur frit

Dans une grande casserole, faire chauffer l'huile d'olive à feu moyen-vif. Ajouter la poudre d'oignon, les graines de moutarde, les graines de fenugrec et les piments chili. Bien mélanger.
Réduire à feu moyen et ajouter peu à peu les morceaux de chou-fleur et le sel. Faire revenir entre 7 et 10 minutes en mélangeant constamment et en s'assurant que le mélange d'épices recouvre bien les morceaux de chou-fleur.
Ajouter les poivrons et faire revenir 3 à 5 minutes en mélangeant constamment.
Servir chaud.

Ingrédients

1 petit chou-fleur séparé en morceaux
1 poivron vert coupé en dés
4 piments chili séchés
1/2 c. à thé de graines de moutarde
1/2 c. à thé de poudre d'oignon
1/2 c. à thé de graines de fenugrec
1 c. à thé de sel
4 c. à soupe d'huile d'olive

Gingembre

Le gingembre provient d'une plante tropicale originaire d'Asie dont on utilise le rhizome (la racine) comme épice. Les jeunes racines ont un goût plus doux, tandis que les plus vieilles ont un goût plus prononcé. Le gingembre est beaucoup utilisé dans la cuisine asiatique. Par exemple, le gingembre mariné rafraîchit le palais entre deux bouchées de sushi. En occident, il est traditionnellement utilisé dans la confection du ginger ale et du pain d'épices. Le gingembre le plus souvent utilisé est celui qui est entier et qu'on peut râper, mais on peut aussi le trouver en poudre. Le gingembre en poudre n'a pas du tout le même goût que le gingembre entier.

Propriétés : On dit que le gingembre est un aphrodisiaque. Il faciliterait la digestion et aiderait à combattre la maladie des transports. C'est souvent l'un des ingrédients utilisés dans les mélanges maison pour combattre le rhume.

Filet de porc asiatique

Ingrédients

1 filet de porc d'environ 2 lb

1 c. à soupe d'huile d'olive

4 échalotes sèches tranchées grossièrement

1 racine de gingembre pelée et tranchée grossièrement

1/2 tasse de sauce soya

1/2 tasse de vin de riz (ou de vin blanc)

Le zeste d'une demi-orange

1 c. à soupe de sucre

2 tasses d'eau

4 bok choys parés

2 bouquets de cresson parés

1 c. à soupe de fécule de maïs

Dans une grande casserole, faire chauffer l'huile d'olive à feu moyen.

Ajouter le filet de porc et le faire dorer environ 10 minutes.

Retirer le gras de la casserole.

Ajouter les échalotes, le gingembre, la sauce soya, le vin, le zeste, le sucre et l'eau et porter à ébullition.

Réduire à feu doux, couvrir et laisser mijoter environ 45 minutes ou jusqu'à ce que la viande soit cuite.

Retirer la viande de la casserole et l'envelopper de papier d'aluminium pour la garder au chaud. Tamiser le jus de cuisson, puis le remettre dans la casserole. Porter à ébullition et laisser bouillir 5 minutes ou jusqu'à ce que le liquide ait réduit légèrement.

Réduire à feu moyen. Ajouter les bok choys et laisser mijoter 3 minutes.

Ajouter le cresson et laisser mijoter jusqu'à ce qu'il s'affaisse légèrement.

Retirer les bok choys et le cresson de la casserole à l'aide d'une écumoire et déposer sur un plateau de service.

Dissoudre la fécule de maïs dans 1 c. à soupe d'eau. Verser dans la casserole et fouetter jusqu'à épaissississement. Retirer la casserole du feu.

Trancher le porc et servir entouré des légumes et nappé de sauce.

Filet de porc asiatique

Laurier

Le laurier est un arbuste à feuilles coriaces de 2 à 10 m de haut originaire des pourtours de la Méditerranée. Ce sont ses feuilles, très parfumées, qui sont utilisées en cuisine, et elles peuvent être cueillies tout au long de l'année. Les feuilles s'utilisent généralement séchées. On peut aussi les laisser infuser ou cuire dans les sauces. En Inde, les feuilles sont plutôt utilisées fraîches, mais elles doivent être rincées avant d'être utilisées. Les feuilles de laurier font partie de la composition du bouquet garni.

Propriétés : Les feuilles de laurier infusées en tisane aident à digérer. Par contre, prises avant le repas, elles coupent l'appétit. Elles aident aussi à traiter les crampes abdominales.

Ingrédients

454 g de pétoncles

2 tasses de lait

1 tasse de crème 10 %

2 feuilles de laurier

3 petits oignons hachés

2 c. à soupe de feuilles de céleri finement hachées

3 c. à soupe de céleri haché

3 c. à soupe de beurre

2 c. à thé d'estragon frais haché

1 c. à thé de sarriette fraîche hachée

4 c. à thé de ciboulette fraîche

3 branches de persil frais

1/4 c. à thé de sel

1/4 c. à thé de poivre

Craquelins au goût

Ragoût de pétoncles

Dans une casserole, mettre le lait, la crème, les feuilles de laurier, les oignons et les feuilles de céleri. Couvrir et laisser chauffer à feu moyen-vif environ 5 minutes.

Passer le mélange au tamis.

Remettre le mélange liquide dans la casserole, ajouter les morceaux de céleri et le beurre et porter à ébullition.

Réduire à feu moyen-doux et laisser mijoter 5 minutes. Ajouter les pétoncles, les herbes, le sel et le poivre. Laisser mijoter une dizaine de minutes.

Verser le mélange dans des bols, ajouter la ciboulette et quelques craquelins émiettés et servir.

Ragoût de pétoncles

Limonade à la lavande

Lavande

La lavande est une herbe aromatique provenant d'un arbrisseau à fleurs
généralement mauves ou violettes très odorantes et disposées en épis.
Elle est originaire de Provence et de quelques pays du bassin
méditerranéen. Aujourd'hui, on en trouve aussi en Europe de l'Est, et même
en Tasmanie et au Canada. Les fleurs de lavande séchées sont très
résistantes et conservent leur arôme très longtemps. La lavande
accompagne bien la crème, la crème glacée, le pain et le thé.

Propriétés : La lavande est antiseptique, désinfectante et calmante.
Elle aide aussi à la cicatrisation. Encore aujourd'hui, elle est utilisée
pour combattre les mites et les poux.

Limonade à la lavande

Dans une casserole, mettre l'eau, le sucre, la lavande et les zestes de citron.
Porter à ébullition, réduire à feu moyen et laisser mijoter environ 1 minute
jusqu'à ce que le sucre soit complètement dissolu.
Fermer le feu et laisser reposer une demi-heure.
Passer le mélange au tamis et réserver.
Dans un pichet, mélanger les 4 tasses d'eau et le jus de citron.
Ajouter le mélange liquide et les cubes de glace.
Laisser refroidir et servir.

Ingrédients

1 tasse de sucre

2 c. à soupe de lavande moulue

2 tasses d'eau
(pour le premier mélange)

4 tasses d'eau

Les zestes de 2 citrons

1/2 tasse de jus de citron

10 cubes de glace

Marjolaine

Plante d'environ 60 cm de haut, la marjolaine est originaire de Chypre et de Turquie et est cultivée dans toute l'Europe depuis l'Antiquité. On utilise ses feuilles fraîches ou séchées pour aromatiser toutes sortes de plats. Son arôme se rapproche de celui du thym et de l'origan. On la retrouve beaucoup dans les mets italiens. Elle accompagne bien les pâtes, les tomates, les volailles, la viande et les fromages. On l'ajoute en fin de cuisson pour ne pas risquer qu'elle perde toute son arôme.

Propriétés : Prise en infusion, elle aide à calmer l'anxiété, l'insomnie, les migraines et les rhumes.

Poulet à la provençale

Ingrédients

2 poitrines de poulet désossées et sans peau

454 g d'aubergine

1 gros oignon

1 gousse d'ail pelée et hachée

4 c. à soupe d'huile d'olive

1 tasse de bouillon de poulet

2 c. à soupe de marjolaine séchée émiettée

1 tasse de tomates cerises coupées en deux

1 tasse d'olives noires coupées en deux et dénoyautées

Couper les bouts de l'aubergine, puis la couper en tranches d'environ 1 pouce d'épaisseur, puis couper les tranches en carrés de 1 pouce.

Peler l'oignon puis le couper en morceaux grossiers.

Dans une grande casserole, faire chauffer 1 c. à soupe d'huile d'olive à feu moyen-vif.

Ajouter l'aubergine, l'oignon, les tomates, les olives et l'ail. Faire revenir jusqu'à ce que l'aubergine soit grillée et l'oignon bien doré.

Retirer de la casserole et mettre dans un bol.

Faire chauffer les 2 c. à soupe d'huile d'olive restantes.

Ajouter les 2 poitrines de poulet et les saisir de chaque côté.

Ajouter le bouillon de poulet et la marjolaine et porter à ébullition.

Réduire à feu doux, couvrir et laisser mijoter 30 minutes en brassant de temps à autre.

Retirer les poitrines et les mettre dans un plat à service.

Remettre le mélange d'aubergine dans la casserole et chauffer en mélangeant constamment jusqu'à l'obtention de la température désirée.

Verser sur les poitrines de poulet et servir.

Poulet à la provençale

Pesto à la mélisse

Mélisse

La mélisse est une plante vivace de 30 à 80 cm originaire d'Europe qu'on trouve aujourd'hui un peu partout à travers le monde. Ses feuilles ajoutent une saveur fraîche aux viandes, aux volailles, aux poissons, aux salades de fruits et de légumes, aux soupes et aux puddings. En Espagne, on l'utilise pour aromatiser le lait. Elle entre aussi dans la composition de certaines liqueurs.

Propriétés : La mélisse aurait des vertus calmantes et relaxantes. Ce serait aussi un antibactérien.

Pesto à la mélisse

Mettre tous les ingrédients dans le mélangeur et mélanger jusqu'à l'obtention d'une texture assez homogène, mais encore consistante et pas trop liquide. Conserver au réfrigérateur.

Ingrédients

2 tasses de mélisse fraîche hachée
1/2 tasse d'huile d'olive
4 gousses d'ail hachées

Menthe

Plante herbacée dont on ne connaît pas exactement les origines, la menthe était déjà utilisée par les Grecs, les Romains et les Égyptiens. Ce sont ses feuilles qui sont utilisées comme herbe aromatique. On la retrouve principalement dans la cuisine méditerranéenne, par exemple dans le thé à la menthe ou le taboulé, et dans la cuisine asiatique. Elle est très appréciée pour aromatiser la crème glacée, les sorbets et différentes confiseries, mais aussi les trempettes, les soupes froides et les salades.

Propriétés : C'est un antioxydant et une source de fer.

Confiture à la menthe

Ingrédients

1 1/2 tasse de jus de raisin blanc

1/2 tasse d'eau

3/4 tasse de feuilles de menthe hachées

Colorant alimentaire vert

1 paquet de 85 g de pectine

Dans une grande casserole, mettre le jus de raisin, l'eau, la menthe et quelques gouttes de colorant alimentaire.

Porter à ébullition en mélangeant constamment.

Réduire à feu moyen-vif et laisser mijoter 1 minute.

Ajouter la pectine et porter à nouveau à ébullition.

Laisser bouillir 1 minute en mélangeant constamment.

Retirer du feu et enlever la mousse accumulée avec une cuillère.

Verser le mélange dans des pots massons en laissant 1/3 pouce d'espace.

Fermer les couvercles et tremper les pots dans l'eau bouillante pour les sceller.

Confiture à la menthe

Scones aux pêches et à la noix de muscade

Noix de muscade

La noix de muscade est le noyau du fruit d'un arbre tropical originaire d'Indonésie pouvant atteindre 15 m. Elle se conserve toute une année sans perdre sa saveur. On peut la retrouver entière ou déjà râpée, mais il est préférable de l'acheter entière et de la râper soi-même pour profiter pleinement de sa saveur. Elle accompagne les viandes, les soupes, les ragoûts, les sauces crémeuses, les gâteaux et les biscuits. Elle se mélange aussi très bien au lait. C'est l'une des épices du garam masala.

Propriétés : Traditionnellement, on l'utilisait pour combattre les rhumatismes.

Scones aux pêches et à la noix de muscade

Préchauffer le four à 375 °F (190 °C). Dans un grand bol, mélanger tous les ingrédients secs Dans un deuxième bol, mélanger les oeufs, le yogourt et l'essence d'amande. Ajouter aux ingrédients secs.
Ajouter le beurre et bien mélanger jusqu'à l'obtention d'une pâte lisse.
Ajouter les pêches et mélanger de nouveau.
Enduire une surface de travail de farine. Placer la pâte dessus et former un rectangle d'environ 1 pouce d'épaisseur.
Couper le rectangle en 10 triangles.
Placer les triangles sur une tôle bien graissée. Les badigeonner de beurre fondu et les saupoudrer de sucre.
Placer la tôle au four et laisser cuire environ 20 minutes jusqu'à ce que les scones aient une teinte dorée.
Laisser reposer quelques minutes et servir.

Ingrédients

2 tasses de farine tout usage
1/2 c. à thé de sel
1/4 tasse de sucre granulé
1 1/2 c. à thé de noix de muscade
1 c. à soupe de poudre à pâte
1/2 c. à thé de cannelle
6 c. à soupe de beurre
2 œufs battus
1/3 tasse de yogourt aux pêches
1/2 c. à thé d'essence d'amande
1 tasse de pêches pelées
et coupées en morceaux
2 c. à soupe de beurre fondu
(pour badigeonner les scones)
2 c. à soupe de sucre granulé
(pour saupoudrer sur les scones)

Origan

Plante herbacée d'environ 30 à 60 cm, l'origan est originaire de Turquie, de Grèce et de Chypre. Ce sont ses feuilles, fraîches ou séchées, qui sont utilisées en cuisine. On retrouve l'origan surtout dans les cuisines italiennes et portugaises, notamment dans toutes sortes de sauces, de pâtes et de pizzas. Il se marie très bien aux sauces tomates, à l'agneau et aux olives. Pour ne pas qu'il perde son arome, il est préférable de l'ajouter en fin de cuisson.

Propriétés : Utilisé en infusion, il aide à combattre le rhume et la grippe, et stimule la digestion. L'huile essentielle d'origan est un excellent antiseptique.

Tomates farcies au riz

Ingrédients

6 grosses tomates mûres mais fermes

1/2 tasse de riz

1 c. à soupe d'origan frais haché

1 c. à soupe de marjolaine fraîche hachée

1 c. à soupe de menthe fraîche hachée

1 c. à soupe de persil haché

1/4 tasse d'huile d'olive

1/4 c. à thé de sel

1/4 c. à thé de poivre

Découper un chapeau sur chaque tomate.

Retirer la pulpe des tomates en laissant environ 1/2 pouce de chair autour et la mettre dans un bol.

Ajouter le riz, les herbes, 3 c. à soupe d'huile, le sel et le poivre.

Laisser reposer 30 minutes à température ambiante.

Saler l'intérieur des tomates et les retourner sur un essuie-tout pour qu'elles laissent échapper toute leur eau, soit environ 30 minutes.

Préchauffer le four à 350 °F (175 °C).

Égoutter le mélange à base de pulpes de tomates et conserver l'eau.

Farcir les tomates de la préparation, remettre les chapeaux et disposer les tomates dans un plat allant au four huilé.

Laisser cuire les tomates jusqu'à ce que le riz soit cuit, c'est-à-dire environ 1 heure. Arroser du jus au besoin pour ne pas laisser le riz sécher.

Servir en accompagnement.

Tomates farcies au riz

Pavot

Le pavot provient d'une plante pouvant atteindre 1 m de haut à grande fleur unique et souvent très colorée. Les fruits du pavot sont des capsules qui renferment de nombreuses graines qui peuvent être noires ou bleues selon la variété de la plante. Les plus grands producteurs de pavot sont la République tchèque, la Turquie, la France et l'Allemagne, mais on trouve du pavot dans plusieurs pays d'Europe. Lorsqu'on fait une incision au fruit du pavot blanc, on obtient une gomme blanche appelée opium. C'est en transformant l'opium qu'on obtient la morphine. D'ailleurs, certaines drogues, comme l'héroïne, sont fabriquées à partir de la morphine. Les graines de pavot peuvent être utilisées sèches, grillées ou moulues. Les graines de pavot sont utilisées dans la fabrication de pains et de biscuits. Elles ont un petit goût de noisette. Dans certains pays d'Europe, comme en Pologne ou en Hongrie, les graines de pavot sont beaucoup utilisées en pâtisserie. Elles accompagnent aussi très bien les ragoûts et les currys.

Propriétés : Le pavot favorise le sommeil et combat la diarrhée.

Ingrédients

1/4 tasse de farine de blé entier

1 tasse de son de blé

1/2 tasse de germe de blé

1 c. à soupe de graines de lin

1 c. à thé de bicarbonate de soude

1 c. à thé de poudre à pâte

1/2 c. à thé de sel

2 œufs

1/4 tasse de miel

1/4 tasse d'huile végétale

2 tasses de bananes en purées

1/2 tasse de lait

1 c. à soupe de jus de citron

1/3 tasse de graines de pavot

1 c. à thé de zeste de citron

Muffins pavot et bananes

Dans un bol, mélanger la farine, le son de blé, le germe de blé, les graines de lin, le bicarbonate de soude, la poudre à pâte, le sel et les graines de pavot.

Ajouter le lait, les œufs, l'huile, le miel, le jus de citron, le zeste de citron et les bananes. Bien mélanger.

Verser le mélange dans un moule à muffins contenant 12 espaces.

Allumer le four à 350 °F (175 °C) et laisser cuire environ 30 minutes.

Servir.

Paprika

Aussi connu sous le terme de poivre rouge, il serait originaire de l'Amérique. Aujourd'hui, on en trouve aussi au Moyen-Orient et en Europe, mais le paprika considéré comme le meilleur est le paprika hongrois. L'épice en poudre que l'on connaît est obtenu à partir du fruit mûr, séché et moulu. Il ajoute de la saveur aux sauces, aux vinaigrettes, aux soupes, aux légumes et aux salades. Il est aussi beaucoup utilisé pour aromatiser les tajines.

Propriétés : Aide à la digestion.

Poulet au paprika hongrois

Dans une grande casserole, faire fondre la graisse de bacon à feu moyen. Ajouter l'oignon, l'ail, le sel et le paprika. Faire revenir jusqu'à ce que l'oignon soit translucide. Ajouter les morceaux de poulet et l'eau. Laisser mijoter 1 heure à feu moyen en ajoutant de l'eau au besoin. Égoutter les tomates et réserver le liquide. Ajouter les tomates au poulet. Dans un bol, mélanger le liquide des tomates, la farine et la crème sûre. Ajouter peu à peu le mélange au poulet en mélangeant constamment. Laisser mijoter jusqu'à ce que la sauce ait atteint une texture épaisse. Servir.

Ingrédients

2 c. à soupe de graisse de bacon

1 gros oignon pelé et haché

3 gousses d'ail hachées

3/4 c. à thé de sel

3 c. à soupe de paprika

1 poulet entier décortiqué

1 tasse d'eau

1 conserve (430 ml) de tomates en dés

2 c. à soupe de farine

1 contenant (235 ml) de crème sûre

Taboulé

Persil

Le persil est une plante herbacée de 25 à 80 cm de haut très aromatique lorsqu'on la froisse. Ce sont ses feuilles qui sont utilisées en cuisine. C'est à la fois un assaisonnement et une garniture. Il est excellent pour orner les plats de poissons et de viandes bouillies. Les feuilles hachées sont autant utilisées dans la cuisine asiatique qu'européenne et américaine. Il aromatise les crudités, les salades, les potages, les sauces, les plats de légumes et de viandes. C'est l'un des composants du bouquet garni. On l'utilise aussi comme un légume dans certaines cuisines, par exemple pour le taboulé.

Propriétés : Le persil aide à combattre la mauvaise haleine.

Taboulé

Mettre le blé concassé dans un bol, couvrir d'eau froide et laisser gonfler 30 minutes.
Égoutter le blé concassé, le mettre dans un bol, ajouter les tomates, les oignons, le persil, la menthe, le sel et le poivre.
Ajouter le jus de citron et l'huile d'olive et bien mélanger.
Servir.

Ingrédients

3/4 tasse de blé concassé

4 tomates épépinées
et coupées en dés

4 oignons blancs pelés et hachés

2 bouquets de persil haché

1 bouquet de menthe
fraîche hachée

Le jus de 2 citrons

2 c. à soupe d'huile d'olive

1 c. à thé de sel

1 c. à thé de poivre

Poivre

Le poivre, originaire de l'Inde, est une épice obtenue à partir des baies de différentes espèces de poivriers, qui sont des plantes. C'est l'une des épices les plus répandues et les plus populaires. Contrairement à ce que l'on croit, les différentes couleurs de poivre ne sont pas différentes sortes de poivre, mais la même sorte parvenue à des degrés de maturation divers et traitée de différentes façons. Le poivre vert provient des baies immatures. Il est moins piquant et plus fruité que le poivre noir. Le poivre blanc est constitué de baies mûres débarrassées de leur paroi extérieure. C'est le poivre le plus doux. Le poivre noir est obtenu à partir de baies rouges presque parvenues à maturité, fermentées puis séchées. C'est le poivre le plus piquant. Le poivre rouge, ou poivre rose, est une baie arrivée à pleine maturité et le poivre gris est du poivre noir moulu. C'est le Vietnam qui est le plus grand producteur de poivre. On en trouve aussi au Brésil, en Indonésie, en Malaisie, en Chine, au Sri Lanka, en Thaïlande et dans plusieurs autres pays. On peut le retrouver entier ou moulu. Il est préférable de se le procurer entier et de le moudre au fur et à mesure. Ainsi, il conserve toutes ses saveurs. Aujourd'hui, il accompagne de plus en plus les desserts ou les fruits.

Propriétés : Le poivre aide à cicatriser rapidement les coupures légères.

Fraises au poivre noir et au balsamique

Ingrédients

2 tasses de fraises lavées, équeutées et coupées en tranches

3 c. à soupe de sucre

1 1/2 c. à soupe de vinaigre balsamique de qualité

1 c. à thé de poivre noir

Placer les tranches de fraises dans un bol en verre.
Ajouter le sucre et le vinaigre balsamique et mélanger pour que toutes les fraises en soient couvertes.
Laisser mariner 15 minutes.
Ajouter le poivre, mélanger, laisser reposer 5 minutes de plus et servir sur une salade ou accompagné de crème fouettée.

Fraises au poivre noir et au balsamique

Relish au raifort, aux betteraves et aux oignons rouges

Raifort

Le raifort est une plante vivace d'environ 60 cm de haut à très grandes feuilles qu'on cultive pour sa racine. La racine de raifort râpée, qui a un goût fort qui rappelle celui de la moutarde, est utilisée comme condiment. On la retrouve principalement en Alsace, dans les pays germaniques, en Europe de l'Est et en Angleterre. Le raifort accompagne bien les viandes, les pommes de terre et le poisson.

Propriétés : Le raifort facilite la circulation sanguine et la digestion.

Relish au raifort, aux betteraves et aux oignons rouges

Ingrédients

3 betteraves lavées

1/2 tasse d'huile d'olive

3 c. à soupe de vinaigre balsamique

1 c. à thé de gros sel

1/2 c. à thé de poivre

1 1/2 tasse d'oignons rouges pelés et hachés

1/3 tasse de raifort en pot

Préchauffer le four à 350 °F (175 °C).
Envelopper les betteraves dans du papier d'aluminium et les placer sur la grille. Les laisser cuire environ 1 heure ou jusqu'à ce qu'elles soient tendres.
Les développer et les laisser refroidir.
Dans un bol, mélanger l'huile d'olive, le vinaigre balsamique, le sel et le poivre.
Ajouter les oignons et le raifort et bien mélanger.
Peler les betteraves et les couper en morceaux de 1/3 de pouce.
Les ajouter au mélange.
Couvrir, mettre au réfrigérateur et laisser refroidir quelques jours.
Accompagne très bien les viandes.

Romarin

Le romarin est une plante pouvant atteindre jusqu'à 1,5 m de hauteur qu'on retrouve aujourd'hui un peu partout où le climat est tempéré. Ce sont ses feuilles qui sont utilisées comme herbe aromatique. Le romarin accompagne bien les ragoûts, les soupes, les marinades, les grillades. Il est aussi utilisé dans les desserts et pour parfumer les confitures.

Propriétés : Le romarin aide à la digestion.

Ingrédients

2 c. à soupe de romarin et trois tiges coupées en morceaux

2 c. à soupe de feuilles de thym et 6 tiges

1/4 tasse d'huile d'olive

1 rôti de veau de 2,2 kg

Sel

Poivre noir du moulin

6 c. à soupe de beurre coupées en 6 morceaux chacune

24 gousses d'ail pelées et hachées

Mijoté de veau à la provençale

Dans un petit bol, mélanger les feuilles de romarin et de thym avec 2 c. à soupe d'huile.

Mettre le veau dans un plat en verre. Badigeonner de préparation romarin-thym-huile. Couvrir et laisser réfrigérer 2 heures ou une nuit.

Avant la cuisson, retirer la viande du réfrigérateur et la laisser à température ambiante environ 1 heure.

Préchauffer le four à 350 °F (175 °C).

Saler et poivrer le veau.

Dans une cocotte, faire chauffer le reste de l'huile et y faire dorer la viande à feu élevé. Retirer du feu.

Disposer les tiges de romarin et de thym sur le dessus et parsemer de noisettes de beurre. Entourer de gousses d'ail.

Faire cuire au four environ 1 heure ou jusqu'à ce que la viande soit tendre, en arrosant de jus de citron de temps à autre.

Retirer du four et laisser reposer 10 minutes.

Trancher la viande et la disposer dans une assiette de service.

Entourer d'ail et napper de sauce.

Safran

Le safran est une épice tirée de la fleur d'une plante vivace originaire de Crète et appelée le Crocus sativus ou crocus safran. La fleur possèdes trois pistils, de couleur orangée, qui sont séchés et utilisés en cuisine comme assaisonnement et comme agent colorant. Aujourd'hui, le safran est principalement cultivé en Iran et en Espagne, mais aussi en Grèce, en Turquie, en Inde et au Cachemire. Il faut environ 150 000 fleurs pour obtenir 1 kg de safran, ce qui en fait l'épice la plus dispendieuse au monde. Le safran donne une couleur jaune or aux plats. Il est beaucoup employé dans les cuisines arabes, européennes, indiennes, iraniennes et celles d'Asie centrale. On décrit son arôme comme se rapprochant du miel, mais avec des notes plus métalliques. Il peut accompagner aussi bien les viandes, le riz, les currys et les soupes que les fromages, les liqueurs, les gâteaux et les confiseries. En Espagne, il est utilisé dans la confection de la paella.

Propriétés : C'est un antioxydant qui aiderait à combattre le cancer. Il est aussi considéré comme un aphrodisiaque.

Cari d'agneau

Dans une grande cocotte, mélanger le yogourt à 2 tasses d'eau et chauffer à feu moyen-vif. Ajouter la viande et laisser mijoter 10 minutes. Réserver la viande et le liquide séparément.
Peler et émincer les oignons, puis les faire revenir dans une sauteuse avec l'huile de canola.
Hacher finement l'ail, le gingembre et les feuilles de menthe.
Dans un mortier ou un robot, réduire en poudre la cardamome, la canelle, le poivre, le cumin, le piment et le safran. Ajouter aux oignons.
Déposer la viande sur les oignons, puis verser le liquide par-dessus.
Laisser cuire à feu moyen jusqu'à ce que la viande soit tendre et que la sauce soit courte, c'est-à-dire environ 1 heure.
Faire dorer les amandes dans une poêle antiadhésive et faire tremper les raisins.
Garnir le cari de raisins et d'amandes et servir.

Ingrédients

1.3 kg d'épaule d'agneau désossée, dégraissée et coupée en petits cubes.
1 1/2 tasse de yogourt
3 oignons
4 gousses d'ail
1 c. à soupe de gingembre frais haché
Quelques feuilles de menthe
1 c. à t. de graines de cardamome
1 c. à thé de cannelle
1 c. à thé de poivre noir
1 c. à thé de cumin
1 c. à thé de piment séché
1 pincée de safran
1 tasse d'amandes tranchées
1/2 tasse de raisins secs dorés
Huile de canola
1/2 c. à thé de sel

Soupe aux poireaux, champignons et fèves

Sauge

Les origines de la sauge sont incertaines. Elle viendrait ou bien de l'Asie occidentale, ou bien du bassin méditerranéen. C'est un petit arbuste dont les feuilles sont utilisées comme herbe aromatique. Son goût est puissant et légèrement amer. Elle se marie bien au porc et aux volailles et accompagne très bien les plats de légumes. Elle peut aussi être utilisée pour la confection des desserts.

Propriétés : Certaines espèces, comme celle qu'on nomme sauge divinatoire, ont des propriétés hallucinogènes et sont employées dans les rites chamaniques. On dit aussi de la sauge qu'elle stimule la mémoire et qu'elle aide à combattre les règles douloureuses et la transpiration.

Soupe aux poireaux, champignons et fèves

Dans une grande casserole, mettre tous les ingrédients et porter à ébullition. Réduire à feu moyen-doux et laisser mijoter 1 heure. Servir.

Ingrédients

2 poireaux coupés en rondelles

4 tasses de bouillon de poulet

2 tasses de bouillon de légumes

2 branches de céleri coupées en morceaux

454 g de champignons de Paris

1 conserve (560 ml) de fèves blanches

1/2 c. à thé de sel

1/2 c. à thé de poivre

1/2 c. à thé de sauge

1/2 c. à thé de romarin

1/4 tasse d'huile d'olive

Sarriette

La sarriette est une plante vivace qu'on retrouve en Europe méditerranéenne, en Europe centrale, en Asie Mineure et au Proche-Orient. Ce sont les feuilles qui sont utilisées pour relever les grillades, les sauces et les légumes.

Propriétés : Elle aide à la digestion et empêche les ballonnements et les gaz.

Ingrédients

225 g de pâtes au choix

1/2 tasse de beurre

4 gousses d'ail pressées

3 c. à soupe de basilic frais haché

1 c. à soupe de thym frais haché

1 c. à thé de marjolaine séchée

1 c. à thé de sarriette séchée

1 c. à soupe de persil frais haché

1/4 c. à thé de sel

1/4 c. à thé de poivre

2 c. à soupe d'olives noires dénoyautées

Parmesan rapé

Pâtes aux fines herbes

Faire cuire les pâtes dans l'eau bouillante.

Pendant ce temps, faire fondre le beurre dans une casserole à feu moyen.

Ajouter l'ail et faire revenir quelques minutes.

Ajouter les herbes.

Égoutter les pâtes et les mettre dans un grand bol.

Ajouter le mélange et bien mélanger.

Assaisonner de sel et de poivre, parsemer d'olives noires et de parmesan et servir.

Sumac

Le sumac est un arbuste d'origine arabe dont les feuilles prennent une teinte rouge à l'automne, un peu comme nos érables. Il produit de petites baies qui peuvent aller du rouge au brun, en passant par le prune, et qui contiennent de petites graines brunes. Les graines de sumac peuvent s'acheter entières ou moulues. Son goût acidulé peut remplacer le citron dans certaines recettes. En Iran, on le dépose sur la table pour que chacun puisse en saupoudrer sur son plat, comme on fait ici avec le sel. Au Liban, il est utilisé dans la préparation du chich taouk et de la fatouche. Le sumac accompagne bien le poisson et les fruits de mer, les salades, les viandes et les volailles. Il entre aussi dans la confection du zahtar.

Propriétés : Le sumac facilite la digestion.

Trempette de betteraves et croûtons au sumac

Préchauffer le four à 400 °F (200 °C).
Couper la tête du bulbe d'ail et l'envelopper de papier d'aluminium.
Envelopper chaque betterave séparément dans du papier d'aluminium.
Placer l'ail et les betteraves sur une tôle allant au four et faire cuire environ 50 minutes ou jusqu'à ce que les betteraves soient tendres.
Pendant ce temps, couper les pains pitas en quatre.
Placer les pitas sur une tôle, les badigeonner d'huile d'olive et les saupoudrer de sumac.
Cuire au four environ 5 minutes ou jusqu'à ce qu'ils soient croustillants. Sortir et laisser reposer.
Sortir les betteraves et l'ail de leur papier d'aluminium.
Peler les betteraves et les couper en gros morceaux.
Mettre les morceaux dans un mélangeur.
Retirer l'ail de la pelure et l'ajouter aux betteraves.
Bien mélanger jusqu'à l'obtention d'une texture lisse.
Mettre le mélange dans un bol, mélanger avec le yogourt, ajouter du sel et du poivre et servir avec le pain pita.

Ingrédients

1 bulbe d'ail complet

Huile d'olive

4 betteraves lavées et sans les bouts

1 c. à soupe de sumac

1/2 tasse de yogourt nature

3 pains pita

Chorizo maison

Sel

Le sel est utilisé depuis la préhistoire pour ses caractéristiques d'assaisonnement et de conservation des aliments. On trouve le sel naturel et le sel raffiné. Les sels naturels contiennent encore tous leurs minéraux et ont un aspect et un goût différent selon la quantité de minéraux qu'ils contiennent. C'est le raffinage qui permet d'obtenir un sel de couleur blanc pur. La majeure partie du sel raffiné est préparée à partir du sel de gemme, qui est extrait des mines de sel. Le sel de table est un sel raffiné. Il est utilisé comme condiment et est souvent associé au poivre. Aujourd'hui, on le retrouve partout à travers le monde. Le sel peut aussi servir à conserver les aliments, comme les viandes et les poissons. Il possède une fonction d'exhausteur de goût, ce qui explique qu'il est si populaire en cuisine.

Propriétés : Consommé à petite dose, le sel a plusieurs effets bénéfiques. Il aide à freiner la déshydratation, et le fluor qui y est souvent ajouté aide à prévenir les caries et à renforcer l'émail des dents.

Chorizo maison

Placer le porc dans un grand bol de verre.
Ajouter le vinaigre de cidre, le gros sel, mélanger, couvrir et réfrigérer 8 heures.
Ajouter l'ail, la poudre de chili et le cumin, et bien mélanger.
Laisser mariner 1 heure.
Faire des petites boulettes et faire revenir dans une poêle environ 4 minutes de chaque côté.
Servir.

Ingrédients

454 g de porc haché
1/2 tasse de vinaigre de cidre
1 c. à soupe de gros sel
1 c. à soupe d'ail pressé
1 1/2 c. à soupe de poudre de chili
1 1/2 c. à soupe de cumin moulu

Thym

Le thym est un petit arbrisseau vivace originaire des pays méditerranéens, des Balkans et du Caucase. Touffu et très aromatique, il peut mesurer de 7 à 30 cm de haut. Il ajoute une touche méditerranéenne aux plats comme les tomates, les grillades, les volailles, les charcuteries, les poissons et les gibiers. Il accompagne aussi très bien les sauces au vin. Le thym aromatise les huiles et les vinaigres. C'est l'une des herbes faisant partie du bouquet garni.

Propriétés : Le thym aide à soulager la toux.

Ingrédients

1 c. à soupe de beurre

1 c. à soupe d'huile d'olive

900 g de cubes d'épaule de veau

2 c. à soupe de persil haché

2 c. à soupe de thym haché

1 tasse de vin blanc

Le jus d'un demi-citron

3 c. à soupe de crème à cuisson 35 %

Sel

Poivre du moulin

Veau aux herbes et à la crème

Préchauffer le four à 400 °F (200 °C).

Dans une cocotte, faire chauffer le beurre et l'huile d'olive à feu moyen-vif.

Ajouter les cubes de veau et les faire revenir jusqu'à ce qu'ils soient dorés.

Ajouter les herbes et la moitié du vin blanc.

Couvrir et faire cuire au four 30 minutes.

Baisser le four à 350 °F (175 °C). Sortir la cocotte, remuer la viande et remettre au four 30 minutes.

Sortir la cocotte du four, ajouter le reste du vin, le jus, la crème, le sel et le poivre.

Faire chauffer à feu vif en remuant jusqu'à l'obtention de la température souhaitée.

Servir sur du riz.

Vanille

La vanille est une épice constituée à partir du fruit de certaines espèces d'orchidées, qu'on appelle vanille ou vanillier. Ce sont les seules sortes d'orchidées qui sont cultivées pour autre chose que leur apparence. La vanille demande beaucoup de soins, c'est pourquoi c'est l'une des épices les plus dispendieuses après le safran. Le fruit du vanillier est une gousse qui pousse à la base des pétales. La gousse est cueillie lorsqu'elle est encore verte et inodore, puis elle est trempée dans l'eau bouillante et séchée dans des couvertures de laine. C'est après ces deux étapes qu'elle prend la couleur noire qu'on lui connaît. Ensuite, durant 2 à 6 semaines, elle est séchée d'abord au four, puis au soleil, puis à l'ombre. Puis, les gousses sont mises dans des malles de bois habillées de papier sulfurisé et y restent durant 8 mois. C'est là qu'elles développeront leur arôme. Les plus belles gousses seront vendues telles quelles, tandis que les gousses de moindre qualité seront utilisées pour la préparation de la poudre et de l'essence de vanille. Les deux plus gros producteurs de vanille sont Madagascar et l'Indonésie.

Propriétés : On dit qu'elle stimule l'appétit et que c'est un aphrodisiaque.

Ingrédients

2 tasses de lait
1/2 tasse de sucre blanc
3 c. à soupe d'amidon de maïs
1/4 c. à thé de sel
1 c. à thé d'essence de vanille
1 c. à soupe de beurre
Canelle

Pudding à la vanille

Dans une casserole, porter le lait à ébullition.
Réduire à feu moyen.
Dans un bol, mélanger le sucre, l'amidon de maïs et le sel.
Verser le mélange sec dans le lait peu à peu en mélangeant constamment.
Laisse mijoter en mélangeant jusqu'à ce que la texture épaississe, mais sans la laisser bouillir.
Retirer du feu, ajouter l'essence de vanille et le beurre et bien mélanger.
Verser dans des bols et faire refroidir au réfrigérateur.
Saupoudrer de cannelle et servir.

Mélanges d'épices

Herbes de Provence :

Cerfeuil, estragon, sarriette, marjolaine, romarin, thym, lavande et fenouil. Elles assaisonnent le poisson, les viandes...

Zahtar :

Marjolaine, thym, graines de sésame grillées, sel et sumac. Il assaisonne la viande grillée.

Dukka :

Graines de sésame et noisettes rôties, graines de coriandre et de cumin, poivre noir et thym. Il aromatise les viandes grillées. Il assaisonne également le pain plat qui est ensuite trempé dans l'huile d'olive et consommé tel quel.
On nomme ce pain pita du nom du mélange d'épices.

Bouquet garni :

Trois brins de persil, une branche de laurier et un brin de thym attachés ensemble à l'aide d'une ficelle.
Il aromatise les soupes, les ragoûts et autres préparations culinaires.

Ras-el-hanout :

En arabe, cela signifie « La tête de la boutique ». C'est le mélange d'épices marocain par excellence. Il peut contenir jusqu'à 50 épices différentes, mais en général, il en contient une vingtaine, et certains marchands en vendent qui n'en contiennent qu'une dizaine. Voici l'une des compositions possible du ras-el-hanout : carvi, cumin, cardamome, cannelle, piment de la Jamaïque, clou de girofle, noix de muscade, safran, cubède, gingembre, coriandre, piment de Cayenne, muscade et curcuma.

Curry :

C'est une préparation d'épices très répandue dans la cuisine indienne qu'on peut trouver sous forme de poudre ou de pâte. Selon ce qu'il contient, il peut être très épicé ou plutôt doux, mais il est toujours très parfumé. Voici un exemple de quoi peut être composé le curry : gingembre, coriandre, oignon, ail, cardamome, cumin, cannelle, curcuma, piment, poivre, fenouil, fenugrec, cubède, clou de girofle, sel et moutarde.

Garam masala :

C'est un mélange d'épices originaire du nord de l'Inde. En général, il est composé de coriandre, de graines de moutarde, de cumin, de fenugrec, de clou de girofle et de curcuma. Il accompagne très bien les légumes et les currys.

Index

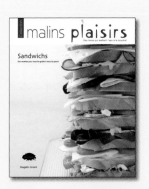